OS FUNDAMENTOS DA ORAÇÃO

SÉRIE
VIDA DE ORAÇÃO

OS FUNDAMENTOS DA ORAÇÃO

EDWARD M. BOUNDS

Editora Vida
Rua Conde de Sarzedas, 246 – Liberdade
CEP 01512-070 – São Paulo, SP
Tel.: 0 xx 11 2618 7000
atendimento@editoravida.com.br
www.editoravida.com.br

©2016, Edward M. Bounds
Originalmente publicado em inglês com o título *The Essentials of Prayer*.

■

Todos os direitos desta tradução em língua portuguesa reservados por Editora Vida.

Proibida a reprodução por quaisquer meios, salvo em breves citações, com indicação da fonte.

■

Scripture quotations taken from Bíblia Sagrada, Nova Versão Internacional, NVI®.
Copyright © 1993, 2000, 2011 Biblica Inc.
Used by permission.
All rights reserved worldwide.
Edição publicada por Editora Vida, salvo indicação em contrário.

Todas as citações bíblicas e de terceiros foram adaptadas segundo o Acordo Ortográfico da Língua Portuguesa, assinado em 1990, em vigor desde janeiro de 2009.

Editor responsável: Marcelo Smargiasse
Editor assistente: Gisele Romão da Cruz
Tradução: Onofre Muniz
Revisão de tradução: Sônia Freire Lula Almeida
Revisão de provas: Josemar de Souza Pinto
Projeto gráfico e diagramação: Claudia Fatel Lino
Capa: Arte Peniel

1. edição: ago. 2016
1ª reimp.: out. 2018
2ª reimp.: mar. 2019

Dados Internacionais de Catalogação na Publicação (CIP)
(Câmara Brasileira do Livro, SP, Brasil)

Bounds, Edward M., 1835-1913.
　　Os fundamentos da oração / Edward M. Bounds ; [tradução Onofre Muniz].
-- São Paulo : Editora Vida, 2016. -- (Série Vida de oração)

　　Título original: *The Essentials of Prayer*
　　ISBN 978-85-383-0333-6

　　1. Oração – Cristianismo 2. Vida cristã – I. Título. II. Série.

16-03090　　　　　　　　　　　　　　　　　　　　　　　　CDD-248.32

Índices para catálogo sistemático:

1. Oração : Prática religiosa : Cristianismo　248.32

SUMÁRIO

Prefácio..7

1. A oração toma o homem por completo..........................9

2. Oração e humildade 20

3. Oração e devoção 30

4. Oração, louvor e ação de graças 40

5. Oração e adversidades 51

6. Oração e adversidades (continuação) 66

7. A oração e a obra de Deus 75

8. Oração e consagração 88

9. A oração e um padrão religioso definido....................101

10. Oração nascida da compaixão................................110

11. Oração em conjunto...121

12. A universalidade da oração 132

13. Oração e missões...141

PREFÁCIO

A EDIÇÃO DOS LIVROS da série *Oração* de Bounds é um trabalho de amor que proporcionou grande proveito e bênção à minha alma. Após anos de um minucioso estudo das relíquias literárias desse notável cristão, aliado ao trabalho de outras personagens proeminentes, estou plenamente convencido de que poucos homens receberam tão grande poder espiritual como Edward McKendree Bounds. Verdadeiramente foi uma luz ardente e cintilante, como atesta o jornal *The Sunday School Times*: "foi um especialista da oração, e seus livros destinam-se às horas calmas, a uma meditação meticulosa e a todos que desejam buscar e encontrar os tesouros de Deus".

Foi um grande privilégio conhecer o autor de perto e também saber que sua intenção, em tudo que escreveu, tinha como finalidade a salvação de seus leitores. A obra *Os fundamentos da oração* foi escrita nesse mesmo espírito. Que Deus abençoe a muitos por meio deste livro e use-o para construir e fortalecer o caráter cristão por todos os cantos deste mundo.

HOMER W. HODGE
Flushing, N.Y.

1. A ORAÇÃO TOMA O HOMEM POR COMPLETO

Henry Clay Trumbull falou sobre o infinito nos termos do nosso mundo, bem como sobre o eterno nos termos da nossa vida humana. Anos atrás, em uma balsa, encontrei um amigo que o conhecia e disse-lhe que tinha visto Trumbull quinze dias antes, o qual mencionou aquele amigo. "Ah sim", disse meu amigo, "ele era um grande cristão, tão real, tão intenso. Esteve em minha casa anos atrás e conversamos sobre oração". "Por que, Trumbull" — disse eu —, "você não está dizendo que oraria se perdesse uma caneta, e Deus lhe ajudaria a encontrá-la, correto?". "Claro que oraria; claro que oraria", foi sua imediata resposta. É claro que ele oraria. Não era sua fé algo real? Como o Salvador, ele determinou sua doutrina firmemente ao tomar uma ilustração extrema para incorporar seu princípio, mas o princípio era fundamental. Ele confiava em Deus em tudo.

E o Pai honrou a confiança de seu filho.

Robert E. Speer

A oração tem a ver com o homem como um todo. A oração toma o homem em todo o seu ser, em toda a sua mente, em toda a sua alma e em todo o seu corpo. A oração requer o homem por completo e o afeta com seus resultados da graça. Assim como toda a natureza do homem entra em oração, tudo que pertence ao homem é beneficiado pela oração. O homem deve se entregar a Deus em oração como um todo. Grande parte dos resultados da oração se dá naquele que se entrega a Deus, com todo o seu ser, com tudo que lhe pertence. Esse é o segredo da total consagração, e essa é a condição para uma oração bem-sucedida, do tipo que traz os melhores frutos.

Os homens da Antiguidade, forjados na oração, que fizeram grandes coisas acontecerem, que levaram Deus a fazer grandes coisas, foram aqueles que se dedicaram integralmente a Deus em suas orações. Deus requer, e deve ter, tudo que há no homem para responder a suas orações. Deus exige ter homens com todo o coração por meio dos quais possa cumprir seus propósitos e planos no tocante à humanidade. Deus quer o homem integralmente. Nenhum homem de ânimo dobre deve se candidatar. Nenhum homem vacilante pode ser usado. Ninguém com fidelidade dividida entre Deus, o mundo e si mesmo pode orar como é exigido.

A santidade é integral, portanto Deus quer homens santos, verdadeiros e de coração inteiro, para seu serviço e para a tarefa da oração. "Que o próprio Deus da paz os santifique inteiramente. Que todo o espírito, a alma e o corpo de vocês sejam preservados irrepreensíveis na vinda de nosso Senhor Jesus Cristo" (1Tessalonicenses 5.23). É esse tipo de homem que Deus quer como líder dos exércitos de Israel, tipo por meio do qual a classe de oração é formada.

O homem é uma trindade em um, e mesmo assim o homem não é trino nem uma criatura dupla quando ora, mas uma unidade. O homem é um em todos os fundamentos, atitudes e posturas de piedade. Alma, espírito e corpo estão unidos em todas as coisas pertencentes à vida e à piedade.

O corpo, primeiramente, empenha-se em oração, uma vez que assume a atitude de orar. A prostração do corpo reflete na oração, assim como a prostração da alma. A atitude do corpo conta muito na oração, embora seja verdade que o coração pode estar arrogante e soberbo; a mente, desatenta e errante; a oração, mera formalidade, enquanto os joelhos estão dobrados.

Daniel dobrava seus joelhos em oração três vezes ao dia. Salomão dobrou seus joelhos em oração na dedicação do templo. Nosso Senhor no jardim do Getsêmani prostrou-se naquele memorável período de oração pouco antes de ser traído. Quando há oração sincera e fiel, o corpo sempre toma a forma mais adequada ao estado da alma no momento. O corpo, nessa altura, se une à alma em oração.

O homem como um todo deve orar. O homem em sua totalidade; vida, coração, temperamento e mente agem juntos. Cada parte individualmente e no conjunto se une no exercício da oração. A dúvida, a mente instável e os sentimentos divididos não fazem parte do caráter reservado e da conduta imaculada, mais alva que a neve, os quais são potências poderosas e a beleza mais própria para a hora privativa e para os desafios da oração.

Uma mente leal deve tencionar e adicionar a energia e o fogo de sua fé inabalável e indivisível a esse tipo de momento; o momento da oração. É necessário que a mente entre em oração. Em primeiro lugar, é preciso refletir para orar. O intelecto nos ensina que devemos orar. Ao pensar de forma séria de antemão, a mente prepara-se para abordar um trono de graça. O pensamento antecede a entrada ao lugar reservado e secreto e prepara o caminho para a verdadeira oração. Considera o que será pedido nesse momento confidencial. A verdadeira oração não deixa à inspiração o que será pedido naquele momento. Pelo fato de oração consistir em pedir algo definido a Deus, o pensamento surge em primeiro lugar — "O que deverei pedir neste momento?" Todo pensamento vão, perverso e frívolo é eliminado, e a mente é entregue por completo a Deus, pensando nele, no que é preciso e no que foi recebido no passado. Em cada passo, a oração, tomando o homem por completo, não abandona a mente. O primeiro passo rumo à oração é mental. Os discípulos deram esse primeiro passo quando perguntaram a Jesus certa vez: "Senhor, ensina-nos a orar". Devemos ser ensinados por meio do intelecto, e, na medida em que o intelecto é oferecido a Deus em oração, seremos capazes de aprender pronta e corretamente a lição da oração.

Paulo espalha a natureza da oração sobre o homem todo. E deve ser assim. É preciso um homem completo para abraçar com compaixão divina a humanidade — as tristezas, os pecados e a morte da raça decaída de Adão. É preciso um homem completo para marchar em paralelo com a elevada e sublime vontade de Deus em salvar o gênero humano. É preciso um homem completo para permanecer com o nosso Senhor Jesus Cristo, único mediador entre Deus e o pecador. Essa é a doutrina que Paulo ensina em seu manual de oração no capítulo 2 de sua primeira epístola a Timóteo.

Em nenhum lugar da Bíblia aparece tão claro que é preciso um homem completo, em todas as áreas de seu ser, para orar como nesse ensino de Paulo. É preciso um homem completo para orar até que a tempestade que agita sua alma seja acalmada por uma bonança superior, até que o vendaval e as ondas cessem, como por ordem divina. É preciso um homem completo para orar até que tiranos cruéis e governantes injustos tenham sua vida e natureza transformadas, assim como suas formas de governar, ou até que cessem de governar. É preciso um homem completo para orar até que clérigos soberbos, orgulhosos e carnais se tornem brandos, humildes e religiosos, até que a piedade e a seriedade rejam a igreja e o Estado, a casa e o trabalho, a vida pública e a vida privada.

Orar é coisa de homem; e é preciso homens viris para tal. Orar é algo santo, e são necessários homens santos para isso. Os homens santos é que se dedicam integralmente à oração. A oração é de grande alcance em sua influência e em seus efeitos de graça. É uma atividade intensa e profunda que envolve Deus, seus planos e propósitos, e que requer homens completos para executá-la. Nenhum esforço com o coração, a mente e o espírito divididos fará essa importante e celeste tarefa. O coração, a mente e o espírito como um todo devem estar engajados na oração, a qual é poderosa para afetar o caráter e o destino dos homens.

A resposta de Jesus ao escriba sobre qual seria e primeiro e maior mandamento foi, como segue: " '[...] o Senhor, o nosso Deus, o Senhor é o único Senhor. Ame o Senhor, o seu Deus, de todo o seu coração, de toda a sua alma, de todo o seu entendimento e de todas as suas forças' " (Marcos 12.29,30). Em uma palavra, o homem por completo deve amar a Deus sem ressalvas. Portanto, exige-se do homem completo fazer a oração que Deus requer dos homens.

Todo poder do homem deve se empenhar nisso. Deus não pode tolerar um coração dividido no amor que ele exige dos homens, nem pode suportar um homem dividido em oração.

No salmo 119, o salmista nos ensina essa verdade com estas palavras: "Como são felizes os que obedecem aos seus estatutos e de todo o coração o buscam!" (cf. v. 2). É preciso um homem de coração íntegro para manter os mandamentos de Deus e demanda-se o mesmo tipo de homem para buscar o Senhor. Estes são os que são contados como "felizes". É sobre esses homens que recai a aprovação de Deus.

Trazendo o caso para si, o salmista faz esta declaração como prática pessoal: "Eu te busco de todo o coração; não permitas que eu me desvie dos teus mandamentos" (Salmos 119.10). E mais adiante, nos mostrando sua oração por um coração sábio e compreensivo, nos diz seus propósitos no que tange à preservação da lei de Deus: "Dá-me entendimento, para que eu guarde a tua lei e a ela obedeça de todo o coração" (Salmos 119.34). Assim como se requer um coração íntegro oferecido a Deus que lhe obedeça alegre e integralmente, da mesma forma é preciso um coração íntegro para orar de forma eficaz.

Por requerer o homem todo para fazê-la, a oração não é uma tarefa fácil. Orar é muito mais que ajoelhar e dizer algumas palavras do roteiro.

Não é suficiente se ajoelhar
E dizer palavras para orar
O coração deve concordar com os lábios
Do contrário não é oração.

Orar não é uma tarefa leve ou insignificante. Embora as crianças devam ser ensinadas a orar desde cedo, orar não é uma tarefa infantil. A oração baseia-se em toda a natureza humana. A oração envolve todas as forças morais e espirituais da natureza do homem. É o que explica de certa forma a oração do nosso Senhor descrita em Hebreus: "Durante os seus dias de vida na terra, Jesus ofereceu orações e súplicas, em alta voz e com lágrimas, àquele que o podia salvar da morte, sendo ouvido por causa da sua reverente submissão" (5.7).

Leva apenas um momento de reflexão para vermos como tal oração do nosso Senhor baseou-se poderosamente em toda a força de seu ser, posta em prática em cada parte de sua natureza. Esse é o tipo de oração que leva a alma para perto de Deus e traz Deus para perto da terra.

Corpo, alma e espírito são postos à prova e oferecidos como tributo à oração. David Brainerd faz este registro de sua oração: "Deus me permitiu agonizar em oração até que eu estivesse molhado de suor, embora na sombra e num local fresco". O Filho de Deus no jardim de Getsêmani orava em agonia, que tomou todo o seu ser:

> Chegando ao lugar, ele lhes disse: "Orem para que vocês não caiam em tentação". Ele se afastou deles a uma pequena distância, ajoelhou-se e começou a orar: "Pai, se queres, afasta de mim este cálice; contudo, não seja feita a minha vontade, mas a tua". Apareceu-lhe então um anjo do céu que o fortalecia. Estando angustiado, ele orou ainda mais intensamente; e o seu suor era como gotas de sangue que caíam no chão (Lucas 22.40-44).

Essa foi a oração que tocou cada área da natureza do Senhor, trazendo à tona todos os poderes de sua alma, mente e do seu corpo. Essa foi a oração que tomou o homem como um todo.

Paulo estava familiarizado com esse tipo de oração. Ao escrever aos cristãos romanos, insta-os a orar com ele desta forma: "Recomendo, irmãos, por nosso Senhor Jesus Cristo e pelo amor do Espírito, que se unam a mim em minha luta, orando a Deus em meu favor" (Romanos 15.30). As palavras "se unam a mim em minha luta" dizem muito sobre a oração de Paulo e de como ele se expressou. "Lutem comigo" não foi um pedido ameno ou algo desprezível. Tem a natureza de uma grande batalha, um conflito a vencer, uma grande batalha a lutar. O cristão que ora, como um soldado, luta um combate de vida ou morte. Sua honra, imortalidade e vida eterna estão aí. Isso é orar como um atleta lutando pela maestria, e pela coroa, enquanto combate ou participa de uma corrida. Tudo depende da força que ele aplica. Energia, entusiasmo, rapidez, todo o poder de sua natureza está empenhado nesse objetivo. Todas as forças são estimuladas e tensionadas ao máximo. Pequenez, coração dividido, fraqueza e preguiça estão ausentes.

Assim como é preciso um homem completo para orar com êxito, também é o homem completo que recebe os benefícios dessa oração. Como cada parte do complexo ser humano se conecta à verdadeira oração, assim cada parte da mesma natureza recebe bênçãos de Deus em resposta a tal oração. Esse tipo de oração engaja todo o nosso coração, nosso pleno consentimento para ser do Senhor e cada um dos nossos desejos.

Deus atenta para que, quando o homem todo ore, por sua vez o homem todo seja abençoado. Seu corpo se apropria da bondade de orar, pois muito da oração é feito especificamente pelo corpo. Alimento, vestidura, saúde e vigor surgem em resposta à oração. Ação mental nítida, pensamentos corretos, entendimento iluminado e os poderes de um raciocínio seguro vêm da oração. Orientação divina significa que Deus trabalha na mente de forma tão impressionante e comovente que podemos tomar decisões sábias e seguras: "Conduz os humildes na justiça [...]" (Salmos 25.9).

Muito da oração dos pregadores tem sido auxiliada exatamente nesse ponto. A unção do Santo que vem sobre o pregador revigora a mente, abre o pensamento e habilita a expressão oral. Isso explica como homens do passado com limitado ensino tinham grande liberdade do Espírito ao orar e pregar. Seus pensamentos fluíam como correntes de águas. Todo o seu maquinário intelectual sentia o impulso da graciosa influência do Espírito divino.

E obviamente a alma recebe grandes benefícios por meio desse tipo de oração. Milhares podem testemunhar tal afirmação. Por isso, reiteramos que, assim como o homem por completo se achega à oração verdadeira, sincera e eficaz, também o homem completo — alma, mente e corpo — recebe os benefícios da oração.

2. ORAÇÃO E HUMILDADE

> Se dois anjos recebessem ao mesmo tempo uma missão de Deus, um para descer e reinar sobre o maior império da terra, e outro para varrer as ruas da mais desprezível vila desse mesmo império, não faria nenhuma diferença para qualquer um deles qual dos serviços executar, o posto de imperador ou o posto de varredor; pois a alegria dos anjos repousa na obediência à vontade de Deus, e com a mesma alegria levantariam Lázaro dos trapos para o seio de Abraão, ou seriam um redemoinho para conduzir Elias à casa.
>
> John Newton

Ser humilde é ter uma baixa avaliação de si mesmo. É ser modesto, simples, com uma disposição para buscar a obscuridade. A humildade se distancia da visão popular. Não procura notoriedade nem busca lugares elevados, nem se importa com a proeminência. A humildade é retraída por natureza. Rebaixar a si mesmo é algo que pertence à humildade. É dada ao menosprezo próprio. Nunca se exalta aos olhos de outrem nem a seus próprios olhos. A modéstia é uma das características mais importantes.

Na humildade o orgulho não encontra espaço e está longe de qualquer autopresunção. Não há nenhum tipo de autoelogio na humildade. De preferência dispõe-se a elogiar outros. "[...] Prefiram dar honra aos outros [...]" (Romanos 12.10). Não é dada à autoexaltação. A humildade não ama os primeiros assentos nem aspira aos lugares mais altos. Está disposta a tomar os assentos mais inferiores e prefere os lugares onde não será notada. A oração de humildade segue este modelo:

> Nunca deixe o mundo entrar,
> Estabeleça um abismo no meio;
> Mantenha-me humilde e desconhecido,
> Apenas por Deus valorizado e amado.

A humildade não tem os olhos voltados para si mesma, mas para Deus e outros. É pobre de espírito, mansa no agir, modesta de coração. "Sejam completamente humildes e dóceis, e sejam pacientes, suportando uns aos outros com amor" (Efésios 4.2).

A parábola do fariseu e do publicano é um breve sermão sobre humildade e orgulho. O fariseu, entregue à presunção, envolto em si mesmo, enxergando apenas seus bons feitos, lista suas virtudes diante de Deus, desprezando o publicano, que se mantém a certa distância. Ele se exalta, dá-se à presunção, é egoísta e despede-se sem ser justificado, condenado e rejeitado por Deus.

O publicano não enxerga nada de bom em si, está sobrecarregado com a própria desvalorização, longe de qualquer coisa que lhe dê crédito ou valorize, não ousa levantar os olhos aos céus, mas, com semblante abatido, bate no peito e diz: "[...] 'Deus, tem misericórdia de mim, que sou pecador' " (Lucas 18.13).

Com grande precisão, Jesus mostra-nos a continuação do relato desses dois homens — um totalmente desprovido de humildade; outro completamente submergido na autodesvalorização e humildade de pensamento. "Eu digo que este homem, e não o outro, foi para casa justificado diante de Deus. Pois quem se exalta será humilhado, e quem se humilha será exaltado" (Lucas18.14).

Deus valoriza muito o coração humilde. É bom vestir-se de humildade. Como está escrito: "[...] 'Deus se opõe aos orgulhosos, mas concede graça aos humildes' " (1Pedro 5.5). O que traz a alma que ora para perto de Deus é a humildade de coração. O que dá asas à oração é a humildade de pensamento. Orgulho, autoestima e autoexaltação fecham as portas da oração. Aquele que vai a Deus deve se achegar acanhado. Não deve se ensoberbecer com presunção, nem possuir uma visão exagerada de suas virtudes e boas obras.

A humildade é uma graça cristã rara, de grande valor nas cortes celestiais; portanto, ela se estabelece como condição inseparável da oração eficaz. É o que nos dá acesso a Deus quando outras qualidades falham. É preciso muitas descrições para descrevê-la e muitas definições para defini-la. Trata-se de uma graça rara e pouco expansiva. Sua descrição completa é encontrada apenas no Senhor Jesus Cristo. Nossas orações devem se rebaixar antes que possam se elevar. Nossas orações devem estar cobertas de pó, antes que possam se revestir da glória celestial. Nos ensinamentos do nosso Senhor, a humildade tem grande destaque em seu sistema religioso, e é algo tão diferenciado em seu caráter que a deixar fora de seus ensinamentos sobre oração seria inapropriado, pois não se encaixaria em seu caráter e sistema religioso.

A parábola do fariseu e do publicano é de tão grande ajuda que devemos mencioná-la novamente. O fariseu parecia habituado a orar. A essa altura ele já deveria saber como orar, mas infelizmente, como tantos outros, parece que ele nunca havia aprendido essa lição inestimável. Ele deixa os negócios e as horas de trabalho e caminha a passos firmes e constantes à casa de oração. O lugar e a posição foram bem escolhidos por ele. Há um local, hora e nome sagrados, todos invocados por esse decoroso homem de oração. Mas esse religioso, embora treinado para orar, por instruções e hábitos, não ora. Ele pronuncia palavras, mas palavras não constituem a oração.

Deus ouve suas palavras apenas para condená-lo. Uma frieza mortal sai de seus lábios formais de oração — uma maldição mortal de Deus está em suas palavras de oração. Uma poção de orgulho envenenou completamente sua oferta de oração naquela hora. Toda a sua oração estava impregnada com glorificação, louvor e exaltação a si mesmo. Sua ida ao templo não tinha nada de adoração.

Por outro lado, o publicano, ferido com a profunda percepção de seus pecados e de seu interior pecaminoso, percebendo quão pobre de espírito era, desprovido de qualquer justiça, bondade ou qualidade que o recomendaria a Deus; com o orgulho totalmente destruído e morto por dentro, inclina-se com humilhação e desespero perante Deus, enquanto pronuncia um gemido agudo por misericórdia por seus pecados e culpa. Uma compreensão do pecado e a percepção de total desmerecimento estabeleceram as raízes da humildade no profundo de sua alma, oprimindo sua natureza, olhos e coração ao pó. Esse é o retrato da humildade em oposição ao orgulho na oração. Aqui vemos por intenso contraste o total desmerecimento da autojustificação, da exaltação própria e do louvor a si mesmo na oração, bem como o grande valor, a beleza e a divina recomendação que resultam da humildade de coração, da autodesvalorização e autocondenação quando uma alma se achega a Deus em oração. Felizes são os que não têm justiça própria para pleitear e nenhuma bondade a ostentar. A humildade floresce no solo de uma verdadeira e profunda percepção da nossa insignificância e natureza pecaminosa. Em nenhum momento a humildade se supera em crescimento e rapidez ou brilha tão forte como quando se sente culpada, ou quando confessa todo o pecado e confia plenamente na graça. "Sou o pior dos pecadores, mas Cristo morreu por mim." Este é o fundamento da oração, o fundamento da humildade: prostrar-se, convenientemente afastado, mas na realidade trazido para perto pelo sangue do Senhor Jesus Cristo. Deus habita nos lugares modestos. De fato, ele torna lugares despretensiosos em lugares elevados para a alma em oração.

> Deixe o mundo ostentar suas virtudes,
> Suas obras de justiça;
> Eu, um miserável arruinado e perdido,
> Estou livremente salvo pela graça;
> Renuncio outro caminho,
> Este, apenas este, é o meu apelo,
> Sou o pior dos pecadores,
> Mas Jesus morreu por mim.

A humildade é um requisito indispensável para a verdadeira oração. Deve ser um atributo, uma característica da oração. A humildade deve estar presente na oração assim como a luz no Sol. A oração não tem começo, fim ou natureza sem humildade. Como o navio é feito para o mar, assim a oração é feita para a humildade — e a humildade para a oração.

Humildade não é a separação de si mesmo, tampouco é ignorar a opinião de si mesmo. É um princípio multifacetado. A humildade nasce ao olhar para Deus e sua santidade e, em seguida, olhar para si e para a impiedade do homem. A humildade ama a opacidade e o silêncio, teme os aplausos, estima as virtudes de outrem, perdoa suas falhas com brandura, perdoa facilmente as injúrias, teme o desprezo cada vez menos e não vê nenhum embasamento no orgulho, a não ser falsidade. Grande nobreza e grandeza estão na humildade. Ela conhece e reverencia as inestimáveis riquezas da cruz e das humilhações de Jesus Cristo. Teme o brilho das virtudes admiradas pelos homens e ama as mais ocultas e valorizadas por Deus. Esboça comodidade mesmo com seus próprios defeitos, por meio da humilhação que eles causam. Prefere qualquer nível de remorso a todos os holofotes do mundo.

Depois dessa ordem de descrições encontra-se a justificável graça da humildade, perfeitamente esboçada na oração do publicano e completamente extinta da oração do fariseu. E são necessárias muitas fases para retratá-la.

2. Oração e humildade

A humildade sustenta-se em manter uma vida de oração. Orgulho e vaidade não podem orar. Todavia, a humildade é muito mais do que a ausência de orgulho e vaidade. É uma qualidade positiva, uma força substancial que estimula a oração. Não há poder de elevar a oração sem ela. A humildade brota de uma baixa avaliação de nós mesmos e dos nossos merecimentos. O fariseu não orou, embora tivesse sido treinado a orar e estivesse habituado a fazê-lo, pois não havia humildade em sua oração. O publicano orou, embora banido pelo público e não recebesse nenhum incentivo por parte dos religiosos, pois orou com humildade. Vestir-se de humildade é vestir-se com oração. Humildade é sentir-se mesquinho, pois somos mesquinhos. É perceber nosso desmerecimento, pois não somos dignos de merecer, de sentir e nos declarar como pecadores, pois somos pecadores. Ajoelhar-se devidamente nos leva à atitude de orar, pois transporta-nos à humildade.

A orgulhosa apreciação de si mesmo pelo fariseu e seu supremo desprezo pelo próximo fechou as portas da oração a ele, ao passo que a humildade as abriu ao difamado e injuriado publicano.

A temível fala do nosso Senhor sobre as grandes obras dos religiosos na última parte do Sermão do Monte é provocada pela orgulhosa avaliação das obras e estimativas equivocadas sobre a oração:

"Muitos me dirão naquele dia: 'Senhor, Senhor, não profetizamos em teu nome? Em teu nome não expulsamos demônios e não realizamos muitos milagres?' Então eu lhes direi claramente: Nunca os conheci. Afastem-se de mim vocês, que praticam o mal!" (Mateus 7.22,23).

A humildade é o primeiro e o último atributo da religião e da oração cristã. Não há Cristo sem humildade. Não há oração sem humildade. Se desejar aprender bem a arte de orar, aprenda bem a lição da humildade.

Quão graciosa e indispensável se torna a nós a atitude humilde na oração! A humildade é uma das atitudes imutáveis e precisas da oração. Poeira, cinzas, pó sobre a cabeça, panos de saco para o corpo e jejum aos apetites eram os símbolos da humildade dos santos do Antigo Testamento. Panos de saco, jejum e cinzas levaram Daniel à humildade perante Deus, e trouxeram-lhe Gabriel. Os anjos apreciam homens em panos de saco.

Quão humilde foi a atitude de Abraão, o amigo de Deus, ao suplicar-lhe para retirar sua ira contra Sodoma: " '[...] eu que não passo de pó e cinza' " (Gênesis 18.27). Quão humilde Salomão foi ao comparecer diante de Deus! Sua grandeza é rebaixada, sua glória e majestade afastam-se à medida que ele assume uma atitude justa perante o Senhor: " '[...] Mas eu não passo de um jovem e não sei o que fazer' " (1Reis 3.7).

O orgulho do esforço envenena toda a nossa oração. O mesmo orgulho de apenas ser alguém infecta todas as nossas orações, não importa quão eloquente sejam. Foi a falta de humildade, a autoaclamação e exaltação que impediram a maioria dos homens religiosos dos tempos de Jesus de ser aceita por Deus. A mesma coisa nos impede nos dias de hoje de sermos aceitos por ele.

> Oh, que agora eu diminua!
> Oh, que tudo que eu sou acabe!
> Não permita que eu caia em nada!
> Que o Senhor seja tudo em todos.

3. ORAÇÃO E DEVOÇÃO

> Certa vez, quando cavalgava nas matas pela minha saúde, em 1737, tendo desmontado de meu cavalo em um lugar afastado, como geralmente faço para andar e para contemplação divina e oração, tive uma visão, que para mim foi extraordinária, da glória do Filho de Deus. Isso durou, no que posso avaliar, cerca de uma hora; e me deixou na maior parte do tempo em um mar de lágrimas, chorando em alta voz. Senti uma ardência na alma, um anseio por ser, o que não sei expressar de outro modo, esvaziado e aniquilado; amá-lo com um amor santo e puro; servi-lo e segui-lo; ser perfeitamente santificado e tornado puro com uma pureza divina e celestial.
> JONATHAN EDWARDS

A DEVOÇÃO TEM UM significado religioso. A raiz da devoção é ser devoto a uma finalidade sagrada. Portanto, a devoção, em seu sentido verdadeiro, está relacionada com a adoração religiosa. Está intimamente conectada com a verdadeira oração. A devoção é um estado de espírito particular encontrado em alguém totalmente dedicado a Deus. É o espírito de reverência, admiração, temor de Deus. É o estado do coração que se apresenta diante de Deus em oração e adoração. É estranha a tudo que se assemelha a frivolidade de espírito, e é oposta a frivolidades, ruídos e gritarias. A devoção reside no reino da tranquilidade e é serena diante de Deus. É solene, profunda, meditativa. A devoção pertence ao interior da vida e habita em secreto, mas também se revela nos cultos no santuário. É parte do espírito da verdadeira adoração e compartilha a natureza do espírito de oração.

A devoção pertence ao homem devoto, cujos pensamentos e sentimentos são dedicados a Deus. Tal homem tem a mente completamente abnegada à fé e possui uma forte afeição por Deus e um ardente amor pela casa do Senhor. Cornélio "e toda a sua família eram religiosos e tementes a Deus; dava muitas esmolas ao povo e orava continuamente a Deus" (Atos 10.2). "[...] homens piedosos sepultaram Estêvão [...]" (8.2). " 'Um homem chamado Ananias, fiel seguidor da lei [...]' " (22.12) foi enviado a Saulo enquanto este estava cego, para dizer que o Senhor estaria com ele. Deus pode fazer grande uso de tais homens, pois homens devotos são seus agentes, escolhidos para levar adiante seus planos.

A oração promove o espírito de devoção, ao passo que a devoção favorece a melhor oração. A devoção promove a oração e auxilia a direcionar a oração ao objetivo pretendido. A oração brota e floresce quando o ambiente é de verdadeira devoção. É fácil orar quando há espírito de devoção.

A atitude da mente e o estado do coração implicados na devoção fazem que a oração atinja o trono da graça de forma eficaz. Deus habita onde reside espírito de devoção. Todas as graças do Espírito são nutridas e crescem apropriadamente no ambiente criado pela devoção. De fato, tal graça somente pode crescer aí. A ausência de um espírito devocional significa morte para as graças divinas que têm origem em um coração renovado. A verdadeira adoração encontra harmonia na atmosfera criada por um espírito de devoção. Enquanto a oração auxilia na devoção, ao mesmo tempo a devoção reage à oração e nos ajuda a orar.

A devoção engaja nosso coração a orar. Não é tarefa fácil para os lábios tentar orar enquanto o coração está ausente do processo. A acusação que Deus fez certa vez contra o Israel antigo foi que eles o honravam com os lábios, ao passo que o coração deles estava longe do Senhor.

A essência da oração é o espírito de devoção. Sem devoção, a oração é uma forma vazia, uma rodada vã de palavras. É triste dizer que muito desse tipo de oração prevalece na igreja. São tempos cheios de ocupações, agitados e ágeis, e esse espírito de agitação invadiu a igreja de Deus. As atuações religiosas são diversas. A igreja funciona como religião com a ordem, com a precisão e com a força de uma verdadeira máquina. No entanto, frequentemente trabalha com a frieza de uma máquina. Há muito do movimento de uma esteira em nossas incessantes sessões e rotinas dos afazeres religiosos. Oramos sem orar. Cantamos sem cantar com o Espírito e com entendimento. Temos música sem que o louvor a Deus esteja presente, ou nem mesmo próximo disso. Vamos à igreja por hábito e voltamos todos para casa felizes quando a bênção é pronunciada. Lemos nosso habitual capítulo da Bíblia e sentimo-nos aliviados quando a tarefa é completada. Oramos seguindo um roteiro, como um menino recita a lição de escola, e não nos arrependemos quando é dito o amém.

Religião tem a ver com qualquer coisa, menos com o coração. Ocupa nossas mãos e pés, toma posse da nossa voz, debruça sua mão sobre nosso dinheiro, afeta até mesmo a postura do nosso corpo, mas não se apropria das nossas afeições, desejos e zelo, não nos faz solenes, nem nos desespera rumo à diligência, nem nos leva a estar serenos e reverentes na presença de Deus. Afinidades sociais nos atraem à casa de Deus, não o espírito da ocasião. A filiação ao rol de membros de uma igreja nos mantém na busca decente de uma conduta exterior e com certa lealdade aos nossos votos batismais, mas o coração é outra coisa. Permanece frio, formal e desinteressado em meio a todo esse teatro, se nos entregamos à exaltação própria de que estamos indo maravilhosamente bem na vida religiosa.

Por que todos esses tristes defeitos na nossa vida de fé? Por que essa perversão moderna da verdadeira natureza da religião de Jesus Cristo? Por que esse tipo moderno de religião que se parece com um porta-joias sem as joias preciosas? Por que tanto desse manusear a religião, geralmente com mãos não tão limpas ou puras, e tão pouco do sentir com o coração e testemunhar com a vida?

A grande carência da religião moderna é o espírito de devoção. Ouvimos sermões no mesmo espírito que ouvimos palestras ou discursos. Visitamos a casa de Deus como se fosse um lugar comum, no mesmo nível de um teatro, um auditório ou fórum. Consideramos o ministro de Deus não como um homem de Deus com um chamado divino, mas como um mero orador público, no mesmo nível que um político, um advogado, um conferencista ou palestrante. Ah, como o espírito da verdadeira e genuína devoção mudaria radicalmente tudo isso para melhor! Tratamos das coisas sagradas como fazemos com as do mundo. Até mesmo o sacramento da ceia do Senhor se torna mera atuação religiosa, sem a prévia preparação, sem meditação ou acompanhada de oração. Mesmo o sacramento do batismo perdeu muito de sua solenidade, degenerou-se em uma mera forma, nada de especial.

Necessitamos do espírito de devoção não apenas para salgar nossas tarefas seculares, mas também para fazer orações de verdade. Precisamos aplicar o espírito de devoção tanto no trabalho da segunda-feira quanto no culto de domingo. Precisamos desse espírito para sempre trazer à memória a presença de Deus, para sempre fazer sua vontade e para direcionar todas as coisas para a glória de Deus.

O espírito de devoção insere Deus em todas as coisas. Não inclui Deus meramente na oração ou na ida à igreja, mas em tudo que se relaciona à vida. "Assim, quer vocês comam, quer bebam, quer façam qualquer outra coisa, façam tudo para a glória de Deus" (1Coríntios 10.31). O espírito de devoção torna o que é secular em sagrado e o que é pequeno em grande. Por ele, vamos ao trabalho na segunda-feira direcionados e inspirados com a mesma influência que vamos à igreja no domingo. Ele torna o sábado em um dia de descanso e transforma o mercado e o escritório em um templo de Deus.

Ele remove o fino verniz da religião, adicionando-a à vida e à existência da nossa alma. Com ele, a religião deixa de ser meras obras e transforma-se em um coração, enviando seu rico sangue por todas as artérias e batendo com as pulsações de uma vida vigorosa e radiante.

O espírito da devoção não é meramente o aroma da religião, mas sim o caule e o tronco do qual germina a religião. É o sal que penetra e saboreia cada ato religioso. É o açúcar que adoça o dever, a abnegação e o sacrifício. É a coloração brilhante que alivia a monotonia da atividade religiosa. Dissipa a frivolidade e dispersa toda forma superficial de adoração, fazendo-a um culto sério e profundo que impregna o corpo, a alma e o espírito com sua infusão celestial. Consideremos francamente: teria o mais nobre anjo do céu, esse espírito celestial de devoção, o melhor e mais radiante anjo terreno, nos abandonado? Quando o anjo da devoção se foi, o anjo da oração perdeu suas asas e transformou-se em algo deformado e sem amor.

O ardor da devoção está na oração. Em Apocalipse 4.8, lemos: "[...] Dia e noite repetem sem cessar: 'Santo, santo, santo é o Senhor, o Deus todo-poderoso, que era, que é e que há de vir' ". A inspiração e o centro da arrebatadora devoção deles é a santidade de Deus. Essa santidade requer a atenção deles, incendeia a devoção. Não há nada gélido, enfadonho, monótono sobre eles ou sua celeste adoração. "Dia e noite repetem sem cessar." Que entusiasmo! Que ardor tenaz e êxtase contínuo! O ministério da oração, se for algo digno de receber esse nome, é um ministério de ardor, de incansável e intenso anseio por Deus e sua santidade.

3. Oração e devoção

O espírito de devoção permeia os santos no céu e caracteriza a adoração da inteligência angélica celestial. Nenhuma criatura sem devoção está no mundo celestial de Deus, e sua própria presença gera o espírito de reverência, admiração e temor filial. Antes de nos unirmos com os anjos no céu, após a morte, devemos aprender o espírito de devoção.

Essas criaturas vivas, em sua incansável e infatigável atitude diante de Deus, com sua extasiada devoção à santidade de Deus, são a ilustração e o símbolo perfeitos da verdadeira oração e de seu ardor. A oração deve incendiar. Seu ardor deve consumir. Oração sem fervor é como o Sol sem luz ou calor, ou como uma flor sem beleza ou fragrância. Uma alma dedicada a Deus é uma alma fervorosa, e a oração é a criatura dessa chama. Somente quem está incendiado pela santidade, por Deus e pelo céu pode verdadeiramente orar.

Atividade não é força. Trabalho não é entusiasmo. Agitação não é devoção. A atividade muitas vezes é o sintoma oculto de fraqueza espiritual. É algo nocivo à piedade quando substituído pela real devoção na adoração. O potro é mais ativo que sua progenitora, mas é ela quem conduz a equipe, levando a carga sem barulho, ruído ou ostentação. A criança é muito mais ativa que seu pai, o qual carrega as normas e os fardos de um império nos ombros e no coração. O entusiasmo é mais ativo que a fé, embora não possa mover montanhas nem pôr em ação nenhuma das forças onipresentes comandadas pela fé.

Uma atividade religiosa ineficiente, jovial e orgulhosa pode surgir de muitas causas. Há muita correria, agitação e vaivém na atual igreja de Cristo, mas infelizmente falta o espírito de uma sincera e autêntica devoção. Se há vida espiritual genuína, nascerá dela um tipo profundo de atividade. Mas será uma atividade cuja origem é a força, não a fraqueza. Uma que tem raízes profundas, numerosas e robustas.

Pela natureza das coisas, a religião deve mostrar seu crescimento acima da superfície. Muito será visto e evidente aos olhos. Os frutos e as flores de uma vida santa abundante em boas obras devem ser notados. Não pode ser de outra forma. Mas o crescimento visível deve estar baseado em um desenvolvimento sadio de uma vida que não se vê e de raízes encobertas. As raízes da religião devem percorrer terra adentro da natureza renovada a ponto de serem visíveis. O externo deve ter um profundo alicerce. É preciso ter muito crescimento no interior e no invisível, do contrário a vida será curta e débil e o crescimento externo será doentio e infrutífero.

O livro do profeta Isaías diz: "mas aqueles que esperam no Senhor renovam as suas forças. Voam alto como águias; correm e não ficam exaustos, andam e não se cansam" (40.31). Esta é a gênese de toda questão da atividade e da força da mais energética, incansável e inquieta natureza. Tudo isso resulta de esperar em Deus.

Muita da atividade é induzida pela prática, criada pelo entusiasmo, produto da fraqueza da carne, inspiração de forças voláteis e de curta duração. A atividade surge, muitas vezes, à custa de elementos mais sólidos e úteis, bem como à custa da total negligência da oração. Estar ocupado demais com a obra de Deus para ter comunhão com ele, fazendo trabalhos da igreja sem dedicar tempo para conversar com Deus sobre sua obra, é o caminho para a apostasia, e muitos por ali passaram, para a infelicidade de sua alma mortal.

Ainda que haja intensa atividade, entusiasmo e exclamações pelo que se faz, o trabalho e a atividade serão apenas cegueira sem o devido cultivo e maturidade das graças divinas que resultam da oração.

4. ORAÇÃO, LOUVOR E AÇÃO DE GRAÇAS

> O doutor A. J. Gordon descreve a impressão que teve por seu contato com Joseph Rabinowitz, considerado pelo doutor Delitzsch o mais notável judeu convertido desde Saulo de Tarso: "Não devemos esquecer o esplendor que surgia em sua face enquanto expunha os salmos messiânicos em nosso culto matutino ou vespertino, de como, aqui e ali, capturando o vislumbre de Cristo sofrendo ou glorificado, repentinamente levantava as mãos e os olhos aos céus em um surto de adoração, exclamando com Tomé após ter visto a marca dos cravos: 'Meu Senhor e meu Deus' ".
> D. M. McIntyre

Oração, louvor e ação de graça andam juntos. Há uma forte relação entre eles. Louvor e ação de graças são tão parecidos que se torna difícil distingui-los ou defini-los separadamente. As Escrituras unem os três. Muitas são as causas do louvor e da ação de graças. O livro de Salmos está cheio de canções de louvor e hinos de ação de graças, todos eles apontando para os resultados da oração. Ação de graças inclui gratidão. É a expressão de uma consciência interna de gratidão a Deus pelas misericórdias recebidas.

4. Oração, louvor e ação de graças

A gratidão é uma emoção interior da alma, que surge involuntariamente, enquanto ação de graças é a expressão voluntária da gratidão.

A ação de graças se faz de forma oral, categórica e ativa. É a entrega de algo a Deus. É algo público. A gratidão é secreta, silenciosa, privativa, passiva, sem mostrar sua natureza, até que se expresse em louvor e ação de graças. A gratidão é sentida no coração. A ação de graças é a expressão desse sentimento interno.

A ação de graças é o que a própria palavra significa — a ação de dar graças a Deus. É o dar algo a Deus com palavras que sentimos no coração pelas bênçãos recebidas. A gratidão surge da contemplação da bondade de Deus. É gerada de uma rigorosa meditação no que Deus tem feito por nós. Tanto a gratidão quanto a ação de graças estão relacionadas com Deus e apontam para ele e sua misericórdia. O coração é conscientemente grato a Deus. A alma expressa essa gratidão do coração a Deus em palavras e atitudes.

A gratidão nasce da meditação na graça e misericórdia de Deus. "Sim, coisas grandiosas fez o Senhor por nós, por isso estamos alegres" (Salmos 126.3). Aqui vemos o valor de uma rigorosa meditação. "Seja-lhe agradável a minha meditação [...]" (Salmos 104.34). O louvor é gerado pela gratidão e pela consciente obrigação para com Deus pelas misericórdias recebidas. Quando nos lembramos das misericórdias passadas, o coração é internamente movido à gratidão.

> Amo pensar nas misericórdias passadas,
> E suplicar por bondades futuras,
> E lançar todo o meu carinho e sofrimento
> Naquele que eu adoro.

O amor é o filho da gratidão. Cresce com o sentimento de gratidão e irrompe em louvor e ação de graças a Deus: "Eu amo o SENHOR, porque ele me ouviu quando lhe fiz a minha súplica" (Salmos 116.1). Orações respondidas causam agradecimento, trazendo à tona o amor, o qual declara que não cessará de orar: "Ele inclinou os seus ouvidos para mim; eu o invocarei toda a minha vida" (cf. v. 2). A gratidão e o amor geram uma oração maior e mais ampla.

Paulo apela aos romanos a se dedicarem integralmente a Deus, como sacrifício vivo, e o motivo constrangedor é a misericórdia de Deus: "Portanto, irmãos, rogo pelas misericórdias de Deus que se ofereçam em sacrifício vivo, santo e agradável a Deus; este é o culto racional de vocês" (Romanos 12.1). As considerações sobre as misericórdias de Deus não geram apenas gratidão, mas também induzem a uma maior consagração a Deus com tudo que temos e somos. Dessa forma, oração, ação de graças e consagração estão inseparavelmente ligadas.

Gratidão e ação de graças sempre olham para trás, embora também aconteçam no presente. Mas a oração sempre olha para o futuro. A ação de graças lida com coisas já recebidas. A oração lida com coisas desejadas, pedidas e esperadas. A oração torna-se gratidão e louvor quando o que pedimos é acatado por Deus.

Assim como a oração nos traz coisas que geram gratidão e ação de graças, da mesma forma o louvor e o agradecimento promovem a oração e nos induzem a orar mais e melhor.

A gratidão e a ação de graças permanecem sempre contrárias a toda murmuração do lidar de Deus conosco, bem como contra toda queixa da nossa sorte. A gratidão e a murmuração nunca habitam no mesmo coração ao mesmo tempo. Um espírito ingrato não permanece ao lado da gratidão e do louvor. A verdadeira oração corrige a murmuração e promove gratidão e ação de graças. O descontentamento com o destino e a disposição em se descontentar com as coisas que recebemos pela providência de Deus são inimigas da gratidão e da ação de graças.

Os murmuradores são ingratos. Homens e mulheres gratos não têm tempo nem disposição de parar e reclamar. A desgraça da peregrinação dos israelitas no deserto rumo a Canaã se deu pela inclinação daquele povo de murmurar e reclamar com Deus e com Moisés. Por causa disso, Deus se entristeceu muitas vezes, e foi preciso a forte oração de Moisés para desviar a ira de Deus causada pelas murmurações. A ausência de gratidão, como sempre, não deixou espaço nem disposição para o louvor e a ação de graças. Mas, quando esses mesmos israelitas foram conduzidos por terra firme pelo mar Vermelho, enquanto seus inimigos eram destruídos, Miriã, irmã de Moisés, irrompeu com um cântico de louvor. Um dos principais pecados dos israelitas foi esquecer-se de Deus e de suas misericórdias, bem como a ingratidão da alma. Isso trouxe à tona, como sempre acontece, murmuração e ausência de louvor.

Quando Paulo escreveu aos colossenses para que a Palavra de Deus habitasse ricamente em seus corações e que deixassem a paz de Deus reinar, disse: "e sejam agradecidos", e complementa: "aconselhem-se uns aos outros com toda a sabedoria e cantem salmos, hinos e cânticos espirituais com gratidão a Deus em seu coração" (Colossenses 3.15,16). Posteriormente, escrevendo aos mesmos cristãos, ele junta oração e ação de graças: "Dediquem-se à oração, estejam alerta e sejam agradecidos" (4.2). E, ao escrever aos tessalonicenses, ele novamente junta: "Alegrem-se sempre. Orem continuamente. Deem graças em todas as circunstâncias, pois esta é a vontade de Deus para vocês em Cristo Jesus" (1Tessalonicenses 5.16-18).

> Nós te agradecemos, Senhor do céu e da terra,
> Que tem nos preservado desde nosso nascimento,
> Que nos redimiu da morte e do terror,
> E com tuas dádivas nos presenteou.

Sempre que há verdadeira oração, a ação de graças e a gratidão estão presentes, prontas a dar resposta à provisão. Como a oração traz a resposta, assim também a resposta traz à tona a gratidão e o louvor. Como a oração move Deus a agir, assim a resposta de oração aciona a ação de graças. Esta acompanha a resposta de oração como o dia sucede a noite.

A verdadeira oração e a gratidão conduzem à plena consagração, que, por sua vez, conduz a uma melhor e extensa oração. Uma vida consagrada é uma vida de oração e ação de graças.

O espírito de louvor foi outrora o orgulho da igreja primitiva. Habitava nos tabernáculos dos primeiros cristãos, como uma nuvem de glória por meio da qual Deus reluzia e falava. Enchia os templos com o perfume do valioso e flamejante incenso. É evidente para qualquer observador meticuloso que, infelizmente, esse espírito é escasso nas nossas igrejas. É igualmente evidente que o mesmo espírito e suas forças vitais são uma arma poderosa na propagação do evangelho. Restaurar o espírito do louvor nas igrejas deveria ser um dos principais objetivos de qualquer pastor fiel. O estado natural da igreja está estabelecido na declaração feita por Deus no salmo 65: "O louvor te aguarda em Sião, ó Deus; os votos que te fizemos serão cumpridos" (v. 1).

O louvor é tão claro e definitivamente casado com a oração, tão inseparavelmente unido, que eles não podem se divorciar. É dependente da oração para produzir todo o volume e sua mais doce melodia.

Cantar é uma forma de louvar, não a maior, mas geralmente a mais normal e comum. O cântico em nossas igrejas tem muito a ver com louvor, pois a genuinidade ou a medida da adoração estarão de acordo com o tipo de cântico. A música pode ser conduzida de forma tão automática que pode conter elementos que depravam a oração e debocham dela. Pode afastar tudo relacionado à ação de graças e ao louvor. Muitas músicas modernas cantadas nas nossas igrejas estão completamente longe de parecer adoração sincera e amável a Deus.

O espírito da oração e o do verdadeiro louvor andam de mãos dadas. Ambos são constantemente dissipados por canções irreverentes, imprudentes e superficiais. Grande parte das canções carece de uma genuína reflexão, e são desprovidas de qualquer espírito de devoção. Sua exuberância e seu brilho não apenas dissipam todos os aspectos essenciais da adoração, como substituem o espírito pela carne.

Dar graças é a vida da oração. É sua fragrância, música, poesia e coroa. A resposta de oração atendida irrompe em louvor e agradecimento. Dessa forma, qualquer coisa que interfira e fira o espírito da oração necessariamente ofende e dissipa o espírito da adoração.

O coração deve conter a graça da oração para cantar o louvor a Deus. O canto espiritual não é feito pelo gosto musical ou talento, mas pela graça de Deus no coração. Nada auxilia mais a adoração como um gracioso avivamento da verdadeira religião na igreja. A consciente presença de Deus inspira o cântico. Os anjos e os seres glorificados no céu não precisam de cantores profissionais para conduzi-los, nem se importam com corais pagos que se unam com suas doxologias celestiais sobre louvor e adoração. Eles não dependem de escolas de música que lhes ensinem a escala musical. Seus cantos irrompem involuntariamente do coração.

Deus está instantaneamente presente na assembleia celestial dos anjos e no espírito dos homens justificados. Sua presença gloriosa compõe a canção, ensina a cantar e impregna suas notas com louvor. Isso também acontece na terra. A presença de Deus produz o cantar e a ação de graças, ao passo que a ausência de Deus das nossas congregações significa a morte da música, ou, o que é a mesma coisa, torna a adoração inanimada, fria e formal. Sua presença consciente nas igrejas traria de volta os dias de louvor e restauraria o refrão completo da canção.

Quando sobeja a graça, a música toma conta. Quando Deus está no coração, o céu se faz presente, a melodia aparece e os lábios transbordam da abundância do coração. Isso é tão verdadeiro na vida privada do crente quanto na congregação dos santos. A decadência do canto e a morte por dentro e por fora do espírito de adoração na música denotam o declínio da graça nos corações e a ausência da presença de Deus entre as pessoas.

O principal objetivo de toda música está em atrair a atenção de Deus e satisfazê-lo. É "para o Senhor", sua glória e honra. Certamente não é para a glorificação do coral remunerado, nem para exaltar o maravilhoso talento musical dos cantores, nem para atrair as pessoas à igreja, mas para a glória de Deus e pelo bem das almas da congregação. Ah, como o louvor dos corais das igrejas dos tempos modernos se afastou desse ideal. Não é surpresa que não há vida, poder, unção nem espírito na maioria do canto das igrejas atuais. É uma blasfêmia deixar que qualquer um que não tenha lábios santos e coração santificado lidere o louvor da casa de oração do Senhor. Muito do canto das igrejas faria sucesso no teatro de ópera e satisfaria como mero entretenimento, agradando aos ouvidos, mas como parte de uma verdadeira adoração, que deveria ter o espírito de louvor e oração, é uma fraude, uma imposição às pessoas espirituais, e inteiramente inaceitável a Deus. O clamor deveria eclodir novamente, "Aleluia!", pois "Como é bom cantar louvores ao nosso Deus! Como é agradável e próprio louvá-lo!" (Salmos 147.1).

A música de adoração — pois ainda existe música autêntica que flui da alma no louvor — traz esperança e alegria que não podem ser negadas. Tudo isso está na "ação de graças". Em Filipenses, a oração é chamada de "pedido": "apresentem seus pedidos a Deus" (4.6), o que descreve a oração como um pedido por uma dádiva, salientando aquilo que é pedido, dando ênfase a algo dado por Deus e recebido por nós, não algo a ser feito por nosso intermédio. Tudo está intimamente ligado à gratidão a Deus, "com ação de graças, apresentem seus pedidos a Deus" (4.6).

Deus age em nosso favor em resposta à nossa oração, mas necessitamos de suas muitas dádivas. Para tanto, precisamos orar de forma especial. A oração deve estar de acordo com nossas necessidades específicas. Devemos ser específicos e peculiares e levar ao conhecimento de Deus, pela oração, pela súplica e pela ação de graças, nossos pedidos em particular, o que precisamos e o que mais desejamos. E, acompanhando todos esses pedidos, deve vir a ação de graças.

É prazeroso saber que somos chamados para fazer na terra — louvar e dar graças — o que os anjos nos céus também fazem. É ainda mais prazeroso contemplar a gloriosa esperança de que, o que Deus almeja de nós na terra, faremos também por toda eternidade. Louvar e dar graças será nosso abençoado trabalho no céu. Essa tarefa nunca será penosa.

Joseph Addison nos apresenta, em versos, esta perspectiva agradável:

> Cada período da minha vida
> Tua bondade, Senhor, buscarei;
> E após a morte, em mundos distantes,
> O tema agradável renovar.
>
> Por toda eternidade a ti
> Um cântico de graças entoarei;
> Mas, ah, a eternidade é curta
> Para proferir todo o louvor que mereces.

5. ORAÇÃO E ADVERSIDADES

"Ele vai." Pode não ser hoje
Que Deus enxugará nossas lágrimas,
Talvez nem amanhã, a esperança adiada,
Que ele tomará nosso cálice terreno de tristezas;
Mas, como promessa preciosa, ele disse que irá,
Se apenas confiarmos nele — e descansar.

Nós, assim como ele, podemos cair
e morrer desconhecidos;
Talvez nem mesmo o nosso sepulcro seja notado,
Mas os olhos oniscientes marcarão o lugar
Até que os impérios pereçam e o
mundo seja esquecido.
Então aqueles que carregaram o fardo
e beberam o cálice
Em glória inabalável o Senhor levantará.
A palavra de Deus é sempre boa.
Sua vontade sempre a melhor:
O jugo, o coração quebrantado —
em seguida, descanso.
CLAUDIUS L. CHILTON

ORAÇÃO E DIFICULDADES ESTÃO intimamente relacionadas. A oração é de grande valor nas dificuldades. O sofrimento geralmente leva o homem a orar a Deus, ao passo que a oração nada mais é do que a voz do homem sofrendo. A oração em tempos de dificuldade é de grande importância, pois nos livra das adversidades e dá força para enfrentar os problemas, ministrando conforto e gerando paciência em meio à aflição. Sábio é aquele que conhece a fonte do vigor e não deixa de orar nos dias de dificuldades.

As adversidades pertencem ao estado humano na terra. "O homem nascido de mulher vive pouco tempo e passa por muitas dificuldades" (Jó 14.1). A dificuldade é comum ao homem. Não há exceção em nenhuma idade, local ou contexto. Rico e pobre, instruído e ignorante — todos são participantes da triste e dolorosa herança da queda do homem. "Não sobreveio a vocês tentação que não fosse comum aos homens [...]" (1Coríntios 10.13). O "dia da dificuldade" amanhece para todos em algum momento da vida. Como nos lembra o sábio: "[...] antes que venham os dias difíceis e se aproximem os anos [...]" (Eclesiastes 12.1), quando o coração sente sua grande pressão.

Esperar nada além de sombra e água fresca, prazeres e flores é uma visão totalmente falsa da vida que demonstra extrema ignorância. Pessoas assim se desapontam tristemente e se surpreendem quando a dificuldade entra na vida delas. São os que não conhecem Deus, não conhecem a maneira com a qual ele disciplina seu povo e quem não ora.

Como são infinitamente variadas as tribulações que existem na vida! Quão diversa é a experiência do homem na escola das dificuldades! Ninguém tem os mesmos problemas, ainda que em ambientes parecidos. Deus não lida com dois filhos da mesma maneira. Assim como Deus varia sua forma de lidar com seus filhos, da mesma forma variam as dificuldades. Deus não se repete. Não cai em rotina. Não possui um único padrão para todos os filhos. Cada dificuldade é apropriada a cada um. Cada pessoa é tratada de acordo com suas particularidades.

A tribulação é serva de Deus, fazendo sua vontade, a menos que alguém falhe em executar seus planos. A tribulação está sob o controle do Deus todo-poderoso, e é uma de suas mais eficientes agentes para completar seus propósitos e aperfeiçoar os santos. A mão de Deus está em cada dificuldade que acomete o homem. Não que ele ordene direta e arbitrariamente cada experiência desagradável da vida. Nem que seja responsável por toda aflição e dor que afeta seu povo. Mas nenhuma tribulação surge livre no mundo e entra na vida do justo ou do pecador; todas têm permissão divina e existem para executar seu trabalho doloroso com o controle da mão de Deus, que carrega seus graciosos planos de redenção.

Todas as coisas estão sob o controle divino. A tribulação não está nem acima nem além do controle de Deus. Não é algo independente de Deus. Não importa de onde surge ou por qual motivo, Deus é suficientemente sábio e capaz de pôr sua mão sobre a situação, sem ter a responsabilidade por sua origem, e trabalha de acordo com seus planos e propósitos visando o bem-estar de seus santos. Essa é a explicação da graciosa declaração em Romanos, tão citada, embora as profundezas de seu significado sejam raramente ouvidas, "Sabemos que Deus age em todas as coisas para o bem daqueles que o amam [...]" (8.28).

Até mesmo os males oriundos das forças da natureza são seus servos, trazendo sua vontade e cumprindo seus desígnios. Deus reivindica até mesmo a locusta, o gafanhoto e a lagarta como seus servos, "Meu grande exército", usado por ele para corrigir e disciplinar seu povo.

Os problemas pertencem à parte disciplinar do governo moral de Deus. Esta é uma vida na qual a raça humana está em constante provação. Trata-se de uma temporada de provas. A tribulação não é punitiva por natureza. Mas pertence ao que as Escrituras se referem como "correção". "Pois o Senhor disciplina a quem ama, e castiga todo aquele a quem aceita como filho" (Hebreus 12.6). Para ser mais preciso, a punição não pertence a esta vida. A punição pelo pecado virá no mundo por vir. A maneira pela qual Deus lida com seu povo é de natureza disciplinar. Ele usa de medidas corretivas nos planos que tangem ao homem. Por isso, a oração surge em tempos de tribulação. A oração pertence à disciplina da vida.

A tribulação não é pecaminosa por si só, nem evidência de pecado. Tanto o bom quanto o mau experimentam a aflição. Como a chuva cai sobre o justo e o injusto, assim a seca vem ao reto e ao ímpio. A tribulação não é evidência do desgosto divino. As Escrituras refutam muitas vezes tal ideia. Jó é um exemplo de quem Deus deu explícito testemunho de profunda piedade, todavia permitiu que Satanás o afligisse mais que qualquer homem para ele completar seu sábio e bondoso propósito. A tribulação não tem poder próprio na relação de um justo com Deus: "Quem nos separará do amor de Cristo? Será tribulação, ou angústia, ou perseguição, ou fome, ou nudez, ou perigo, ou espada?" (Romanos 8.35).

Há três palavras parecidas no processo disciplinar divino, embora haja diferença entre elas: tentação, provação e dificuldades. A tentação é uma solicitação ao mal oriunda do Diabo ou vinda da natureza carnal do homem. A provação é um teste. É o que nos prova, nos testa, nos faz mais fortes e melhores quando nos submetemos a ela e trabalhamos juntos com Deus: "Meus irmãos, considerem motivo de grande alegria o fato de passarem por diversas provações" (Tiago 1.2). Pedro fala da mesma forma:

> Nisso vocês exultam, ainda que agora, por um pouco de tempo, devam ser entristecidos por todo

tipo de provação. Assim acontece para que fique comprovado que a fé que vocês têm, muito mais valiosa do que o ouro que perece, mesmo que refinado pelo fogo, é genuína e resultará em louvor, glória e honra, quando Jesus Cristo for revelado (1Pedro 1.6,7).

A terceira palavra é dificuldade, que inclui todos os eventos dolorosos, tristes e atrozes da vida. Contudo, as tentações e provações podem se transformar em adversidades. Assim, todos os dias ruins da vida podem ser classificados como "dias de dificuldades". E tais dias são muitos na vida dos homens. O suficiente para saber que as dificuldades, não importam de onde venham, se transformam em agente de Deus com o fim de executar sua graciosa obra àqueles que se submetem pacientemente a ele, que o reconhecem em oração e trabalham juntos com Deus.

Vamos determinar que as adversidades não aparecem por acaso, nem ocorrem por acidente. " 'Pois o sofrimento não brota do pó, e as dificuldades não nascem do chão. No entanto, o homem nasce para as dificuldades tão certamente como as fagulhas voam para cima' " (Jó 5.6,7). A adversidade pertence ao governo moral de Deus, e é um agente precioso em sua administração do mundo.

Quando percebemos isso, entendemos melhor o que está registrado nas Escrituras e passamos a ter uma concepção mais clara de como Deus lidou com o antigo Israel. Em sua forma de tratá-lo, encontramos o que se chama a história da providência divina, que sempre incluiu adversidades. Ninguém pode entender a história de José e seu velho pai Jacó sem levar em conta as dificuldades em suas mais variadas ramificações. Deus toma conta do problema quando insta com o profeta Isaías da seguinte maneira: "Encorajem Jerusalém e anunciem que ela já cumpriu o trabalho que lhe foi imposto, pagou por sua iniquidade [...]" (Isaías 40.2).

Há uma nota de conforto distinta no evangelho dirigida aos santos que oram a Deus, e ele é um escriba sábio nas coisas divinas que sabe como ministrar conforto aos de coração quebrantado e tristes na terra. Jesus disse a seus tristes discípulos: "Não os deixarei órfãos [...]" (João 14.18).

Tudo que foi mencionado foi dito para que possamos estimar corretamente a relação entre oração e dificuldade. Nos dias de dificuldade, de onde vem a oração? O salmista nos diz: "[...] clame a mim no dia da angústia; eu o livrarei, e você me honrará" (Salmos 50.15). Orar é a ação mais apropriada que uma pessoa pode fazer "no dia da angústia". A oração reconhece Deus em tempos de dificuldades. "[...] 'Ele é o SENHOR; que faça o que lhe parecer melhor'" (1Samuel 3.18). A oração vê a mão de Deus na dificuldade e ora por isso. Nada nos mostra melhor a nossa incapacidade do que quando surgem as dificuldades. Leva o homem forte para baixo, divulga nossa fraqueza e traz uma sensação de impotência. Bem-aventurado é aquele que sabe como se voltar para Deus "no dia da angústia". Se a adversidade vem do Senhor, então o melhor a fazer é levá-la a ele e buscar graça, paciência e submissão. É o tempo de indagar na dificuldade: "Senhor, o que queres que eu faça?". Quão natural e sensato é que a alma oprimida, quebrantada e ferida se curve aos pés da misericórdia em busca da face de Deus? Onde mais a alma atribulada poderia encontrar consolo que em privado?

Ah, se fosse assim! As dificuldades nem sempre levam o homem a orar. Triste é aquele que se deixa abater quando a dificuldade vem e lamenta, embora não saiba de onde vem a aflição nem como orar por isso. Bem-aventurado quem é movido pela dificuldade a orar!

> Provações devem e vão suceder;
> Mas com humilde fé para ver
> O amor inscrito em todas elas —
> Isso é felicidade para mim.
>
> As provações fazem a promessa mais doce,
> As provações dão nova vida à oração;
> Levam-me aos pés do meu Salvador,
> Colocam-me e me mantêm ali no chão.

A oração nos tempos da adversidade traz conforto, ajuda, esperança e bênçãos, os quais, enquanto a aflição está presente, capacitam melhor o santo a suportar e a se submeter à vontade de Deus. A oração abre os olhos para ver a mão de Deus nas dificuldades. Não interpreta as providências de Deus, mas justifica-as e reconhece o Senhor em todas elas. Capacita-nos a ver sábias saídas na dificuldade. Ela nos livra da descrença, da dúvida e de todo questionamento tolo sobre as nossas experiências dolorosas. Não percamos de vista o tributo dado a Jó quando todos os problemas atingiram o ápice em sua vida: "Em tudo isso Jó não pecou e não culpou a Deus de coisa alguma" (Jó 1.22).

Ai dos homens vãos, ignorantes, sem fé em Deus e desconhecedores do processo disciplinar do Senhor com o homem, que culpam Deus quando vêm as dificuldades, que são tentados a amaldiçoar a Deus! Quão tolas e vãs são as queixas, as murmurações e a rebelião dos homens em tempos de aflição! Que necessidade de ler novamente a história dos filhos de Israel no deserto! Quão inútil é nossa inquietação e preocupação sobre as dificuldades, como se nossos atos infelizes pudessem mudar alguma coisa! " 'Quem de vocês, por mais que se preocupe, pode acrescentar uma hora que seja à sua vida?' " (Mateus 6.27). Muito mais sábio, melhor e mais fácil é carregar os problemas da vida quando conduzimos tudo a Deus em oração!

A aflição tem finais felizes aos que oram, e estes os encontram. Feliz é aquele, como o salmista, que percebe que suas aflições foram bênçãos disfarçadas. "Foi bom para mim ter sido castigado, para que aprendesse os teus decretos. [...] Sei, SENHOR, que as tuas ordenanças são justas, e que por tua fidelidade me castigaste" (Salmos 119.71,75).

> Oh, quem poderia suportar a desgraça tempestuosa da vida,
> Se não fosse tua asa de amor,
> Cintilante, brilhando na escuridão,
> Nossa porção de paz que vem do alto.
>
> Depois a tristeza, que, tocada por ti, cresce radiante
> Mais do que um raio de êxtase;
> Enquanto a escuridão nos mostra mundos de luz
> Que nunca vimos durante o dia.

É claro que algumas aflições não passam do imaginário. Não existem além da mente. Algumas são sofrimentos antecipados, que nunca batem à nossa porta. Outras são do passado, portanto não há nenhum sentido preocupar-se por elas. Os problemas presentes são os que requerem atenção e oração.

"[...] Basta a cada dia o seu próprio mal" (Mateus 6.34). Algumas adversidades são causadas por nós. Somos os autores. Outras se originam involuntariamente, por nossa ignorância e imprudência. Tudo isso pode ser admitido sem que se anule a declaração de que todas elas são objetos de oração e que devem nos levar a orar. Que pai abandona o filho quando o pequeno, por descuido, tropeça, cai e se machuca? O choro da criança não atrai os ouvidos do pai, mesmo que ela seja culpada? "O que quer que desejares" inclui todos os eventos da nossa vida, mesmo que sejamos responsáveis por alguns deles.

Alguns problemas são de origem humana. Surgem de causas secundárias. Têm origem em outros, embora sejamos os que sofrem. Este é um mundo onde o inocente sofre as consequências dos atos de outrem. Faz parte dos incidentes da vida. Quem nunca sofreu na mão de outros? Mas mesmo esses eventos são permitidos para desencadear a providência de Deus na nossa vida para fins benéficos e devem ser motivos de oração. Por que não deveríamos levar a Deus em oração nossas feridas, nossos erros e nossas privações, causados por terceiros? Estão essas coisas fora do escopo da oração? De forma alguma. E Deus porá sua mão sobre cada um dos nossos sofrimentos em resposta à oração e fazer que produzam "uma glória eterna que pesa mais do que todos eles".

Quase todos os sofrimentos de Paulo surgiram de homens ímpios e insensatos. Leia a história que ele nos conta em 2Coríntios 11.23-33. Algumas adversidades têm origem diretamente satânica. Cerca de todas as aflições de Jó nasceram da conspiração de Satanás para subjugar a integridade de Jó, fazê-lo culpar e blasfemar Deus. Mas essas coisas não devem ser apresentadas em oração? Devem ser excluídas do processo disciplinar de Deus? Jó sabia que não. Ouça-o em suas memoráveis palavras: " '[...] O Senhor o deu, o Senhor o levou; louvado seja o nome do Senhor' " (Jó 1.21).

Ah, que segurança temos ao ver Deus em todos os eventos da vida! Que alívio para o coração triste e quebrantado ver a mão de Deus na angústia! Que fonte de alívio é a oração para aliviar o coração aflito!

> Tu que enxugas as lágrimas dos enlutados,
> Quão tenebroso o mundo seria,
> Se, quando feridos e enganados aqui,
> Não pudéssemos correr a ti.
>
> Os amigos que vivem sob a luz do sol
> Fogem quando chega o inverno,
> Aquele que tem somente lágrimas para dar
> Deve chorar sozinho.

> Mas tu queres curar o coração partido,
> O qual, assim como lançam as plantas
> Fragrâncias da ferida,
> Respira doçura em meio à aflição.

Quando, porém, examinamos as origens dos problemas, tudo se resolve em duas verdades inestimáveis: primeira, que as adversidades que nos sobrevêm pertencem ao Senhor. Surgem com seu consentimento; ele está no meio delas e se interessa por nós quando somos afligidos e pressionados pelas dificuldades. Segunda: não importa a causa das nossas dificuldades, se por nossa causa, por homens, demônios ou pelo próprio Deus, estamos autorizados a levá-la a Deus em oração, orar pelos problemas em particular e buscar as bênçãos espirituais advindas do sofrimento.

A oração em tempos de dificuldades tende a levar nosso espírito à perfeita submissão da vontade de Deus, permitindo que nosso desejo se conforme ao desejo de Deus, poupando-nos de toda murmuração sobre nosso destino e livrando-nos de todo coração rebelde e de todo espírito crítico ao Senhor. A oração santifica as adversidades para o nosso bem. Prepara o nosso coração, comovendo-o para a mão disciplinar de Deus. Coloca-nos onde Deus possa nos trazer um bem maior espiritual e eterno. Permite que Deus trabalhe em nós livremente no dia da aflição. Remove todas as coisas no caminho da dificuldade, trazendo-nos o bem mais elevado, doce e bom. Permite que a adversidade como serva de Deus complete sua missão em nós, conosco e por nós.

A finalidade da adversidade é sempre boa na mente de Deus. Se a dificuldade falha em sua missão, é por causa da falta de oração, da incredulidade, ou de ambas. Estar em harmonia com Deus na dispensação de sua providência sempre transforma a dificuldade em bênção. O bom e o mal das adversidades sempre são determinados pelo espírito que as recebe. Dependendo de como seja recebida e tratada, a dificuldade pode ser uma bênção ou uma maldição. Pode nos amolecer ou nos endurecer. Leva-nos a orar a Deus ou nos afasta dele e da oração. A dificuldade endureceu o coração de faraó a tal ponto que deixou de ter qualquer efeito nele, apenas para desesperá-lo e afastá-lo de Deus. O mesmo Sol que amolece a cera endurece a argila. Derrete o gelo e seca o orvalho da terra.

Assim como há infinita variedade de dificuldades, assim é infinita a variedade entre a oração e as demais coisas. Quantos são os motivos apresentados em oração! Têm a ver com tudo que nos afeta e com todos à nossa volta. Mas especialmente com a dificuldade. "Este pobre homem clamou, e o Senhor o ouviu; e o libertou de todas as suas tribulações"

(Salmos 34.6). Oh, que bênção, auxílio e conforto da oração no dia da angústia! E quão maravilhosas as promessas de Deus em meio à tribulação! "Porque ele me ama, eu o resgatarei; eu o protegerei, pois conhece o meu nome. Ele clamará a mim, e eu lhe darei resposta, e na adversidade estarei com ele; vou livrá-lo e cobri-lo de honra" (Salmos 91.14,15).

> Se a dor aflige, e os erros oprimem,
> Se os cuidados distraem, e os temores desanimam;
> Se a culpa deprime, se o pecado angustia,
> Em cada caso, vigia e ora.

Quão doces, profundas e abrangentes em meio às dificuldades e quão alegres para a fé são as promessas que Deus providencia a seus servos fiéis e de oração pela boca de Isaías:

> Mas agora assim diz o SENHOR, aquele que o criou, ó Jacó, aquele que o formou, ó Israel:
> "Não tema, pois eu o resgatei; eu o chamei pelo nome; você é meu. Quando você atravessar as águas, eu estarei com você; quando você atravessar os rios, eles não o encobrirão. Quando você andar através do fogo, não se queimará; as chamas não o deixarão em brasas. Pois eu sou o SENHOR, o seu Deus, o Santo de Israel, o seu Salvador [...]" (43.1-3).

6. ORAÇÃO E ADVERSIDADES
(CONTINUAÇÃO)

> Minha primeira mensagem por auxílio divino passou a ser entoada ao longo de milhões de quilômetros no espaço em 1869 e trouxe alívio ao meu coração atribulado. Mas, graças a Deus, tenho recebido muitas respostas agradáveis e úteis ao longo dos últimos cinquenta anos. Imagino que o comércio dos céus entraria em falência se eu não soubesse escutar frequentemente, desde que aprendi como pedir e como receber.
> H. W. Hodge

No Novo Testamento há três palavras usadas para abranger dificuldades. São elas "tribulação", "sofrimento" e "aflição". Palavras que se diferem de alguma forma, todavia cada uma delas pode significar adversidades. Nosso Senhor advertiu os discípulos de que esperassem por tribulações nesta vida, ensinou-os que a tribulação pertence a este mundo e que eles não poderiam escapar disso; que eles não viveriam aqui em um mar de rosas. Quão difícil é aprender esta simples e clara lição: " '[...] Neste mundo vocês terão aflições; contudo, tenham ânimo! Eu venci o mundo' " (João 16.33). Este é o encorajamento. Assim como ele venceu o mundo e suas tribulações, os discípulos fariam o mesmo.

Paulo ensinou a mesma lição ao longo de seu ministério, fortalecendo os cristãos e encorajando-os a permanecer na fé, dizendo-lhes: "[...] 'É necessário que passemos por muitas tribulações para entrarmos no Reino de Deus' " (Atos 14.22). Ele sabia disso por experiência, pois sua jornada não fora leve nem florida.

Ele usa a palavra "sofrimento" para descrever as adversidades da vida, na passagem reconfortante na qual contrasta as tribulações da vida com a futura glória celeste, que será a recompensa aos que suportarem pacientemente as aflições da providência divina: "Considero que os nossos sofrimentos atuais não podem ser comparados com a glória que em nós será revelada" (Romanos 8.18).

É ele quem fala das aflições que vêm ao povo de Deus neste mundo, considerando-as leves se comparadas com o peso da glória que aguarda todos os que são submissos, pacientes e fiéis nas adversidades: "pois os nossos sofrimentos leves e momentâneos estão produzindo para nós uma glória eterna que pesa mais do que todos eles" (2Coríntios 4.17).

Contudo, as aflições do presente somente funcionam no nosso aprendizado à medida que as compartilhamos com Deus em oração. Como Deus trabalha por intermédio da oração, é apenas por esse meio que ele executa seus maiores planos em nós.

Sua providência age com grande eficácia nas pessoas de oração. Estas conhecem a utilidade das dificuldades e o propósito da graça de Cristo. A maior utilidade da adversidade manifesta-se àqueles que mais se rebaixam diante do trono.

Paulo, ao encorajar a paciência na tribulação, conecta-a diretamente com a oração, pois esta por si só nos dá condições de ser pacientes para quando venha a tribulação: "Alegrem-se na esperança, sejam pacientes na tribulação, perseverem na oração" (Romanos 12.12). Aqui o apóstolo alia a tribulação à oração, mostrando sua relação íntima, bem como o valor da oração no desenvolvimento e cultivo da paciência na tribulação. De fato, não há como demonstrar paciência durante as dificuldades, a não ser que esta seja garantida por meio da oração constante e imediata. É na escola da oração que aprendemos a ter paciência e a praticamos.

A oração nos leva a um estado de graça no qual a tribulação não é apenas tolerada, mas no qual há sobre ela um espírito de regozijo. Ao mostrar os benefícios da justificação, Paulo diz em Romanos 5.3:

> Não só isso, mas também nos gloriamos nas tribulações, porque sabemos que a tribulação produz perseverança; a perseverança, um caráter aprovado; e o caráter aprovado, esperança. E a esperança

não nos decepciona, porque Deus derramou seu amor em nossos corações, por meio do Espírito Santo que ele nos concedeu.

Que sequência de benevolência divina é demonstrada por meio das tribulações! Sucessivos passos que levam a um maior estado da experiência religiosa! E frutos ricos que resultam até mesmo de uma dolorosa tribulação!

Da mesma forma temos as palavras de Pedro, em sua primeira epístola, em sua fervorosa oração aos cristãos, para os quais escreve, mostrando-nos que o sofrimento e o estado supremo da graça estão intimamente ligados e sugerindo que por meio do sofrimento somos levados às mais elevadas regiões da experiência cristã:

> O Deus de toda a graça, que os chamou para a sua glória eterna em Cristo Jesus, depois de terem sofrido por pouco de tempo, os restaurará, os confirmará, os fortalecerá e os porá sobre firmes alicerces (5.10).

É no fogo do sofrimento que Deus purifica seus santos e os leva aos lugares mais altos. É na fornalha que a fé e a paciência são testadas, onde são desenvolvidas todas as ricas virtudes que compõem o caráter cristão. É no passar por águas profundas que ele mostra quão próximo pode estar dos que oram e creem.

É preciso fé de alto nível e de uma experiência cristã acima da média da religião destes dias para considerar como alegria o fato de ser chamado a passar por tribulações. O maior objetivo de Deus ao lidar com seu povo é desenvolver o caráter cristão. Ele procura gerar em nós as ricas virtudes pertencentes ao nosso Senhor Jesus Cristo. Procura nos fazer parecidos consigo mesmo. Ele não quer que façamos muitas obras. Ela não é grandeza. É a presença em nós de paciência, mansidão, submissão à vontade divina e oração que leva todas as coisas até ele. Deus procura criar em nós sua própria imagem. E as adversidades tendem a fazer isso conosco, pois esse é o fim e o objetivo das aflições. Essa é a obra. É a tarefa que devemos executar. Não se trata de um incidente da vida, mas algo que tem um propósito em vista, assim como há um Todo-poderoso Planejador por trás, que faz das adversidades um agente que traga à tona os melhores resultados.

O escritor da epístola aos Hebreus nos dá uma perfeita definição de dificuldade, de forma compreensiva, clara e digna de ser estudada. Temos aqui "castigo", outra palavra para aflição, vinda da mão de um Pai, mostrando que Deus está em todos os eventos desoladores e tristes da vida. Aqui está sua natureza e gracioso propósito. Não se trata de punição no significado literal da palavra, mas sim dos meios que Deus emprega para corrigir e disciplinar seus filhos ao lidar com eles. Assim temos a evidência de sermos seu povo, a presença do castigo. O fim supremo é que sejamos participantes de sua santidade, que é outra forma de dizer que o processo disciplinar de Deus tem por fim nos conformar a sua imagem. Que encorajamento saber que o castigo não é evidência de ira ou descontentamento da parte de Deus, mas sim a grande prova de seu amor. Leiamos toda a definição desse importante assunto:

> Vocês se esqueceram da palavra de ânimo que ele dirige a vocês como a filhos: "Meu filho, não despreze a disciplina do Senhor, nem se magoe com a sua repreensão, pois o Senhor disciplina a quem ama, e castiga todo aquele a quem aceita como filho". Suportem as dificuldades, recebendo-as como disciplina; Deus os trata como filhos. Ora, qual o filho que não é disciplinado por seu pai? Se vocês não são disciplinados, e a disciplina é para todos os filhos, então vocês não são filhos legítimos, mas sim ilegítimos. Além disso, tínhamos pais humanos que nos disciplinavam e nós os respeitávamos. Quanto mais devemos submeter-nos ao Pai dos espíritos, para assim vivermos! Nossos pais nos disciplinavam por curto

período, segundo lhes parecia melhor; mas Deus nos disciplina para o nosso bem, para que participemos da sua santidade. Nenhuma disciplina parece ser motivo de alegria no momento, mas sim de tristeza. Mais tarde, porém, produz fruto de justiça e paz para aqueles que por ela foram exercitados (Hebreus 12.5-11).

Assim como a oração é variada em sua abrangência, fazendo parte de tudo, assim também as adversidades são variadas em seus usos e propósitos. Algumas vezes é necessário passar por dificuldades para chamar a atenção, deter os homens em sua vida agitada, acordá-los para sua impotência e para suas necessidades e pecados. Foi preciso que o rei Manassés fosse preso com ganchos e levado a uma terra distante, submetido a grande dificuldade, para então acordar e ser trazido de volta para Deus. Foi assim que ele se humilhou e clamou ao Senhor.

O filho pródigo era independente e autossuficiente em sua prosperidade, mas, quando o dinheiro e os amigos se acabaram, e ele começou a passar necessidade, foi então que caiu em si e decidiu retornar para a casa do pai, com oração e confissão em seus lábios. Muitos homens que se esqueceram de Deus foram capturados, o que causou a revisão de seus caminhos e os levou a se lembrar de Deus e orar na tribulação.

6. Oração e adversidades (continuação)

A dificuldade é uma bênção quando completa essa obra nos homens!

É por esse motivo e outros que Jó disse: "Como é feliz o homem a quem Deus corrige; portanto, não despreze a disciplina do Todo-poderoso. Pois ele fere, mas trata do ferido; ele machuca, mas suas mãos também curam. De seis desgraças ele o livrará; em sete delas você nada sofrerá" (Jó 5.17-19).

Outra coisa precisa ser mencionada. As dificuldades tornam a terra indesejável e faz o céu se revelar abundante no horizonte da esperança. Há um mundo ao qual nunca chegam as dificuldades. Mas o caminho da tribulação leva a esse mundo. Os que estão lá chegaram através da tribulação. Que mundo temos diante dos nossos ansiosos olhos, apelando para nossa esperança, como um furacão varrendo a tristeza diante de nós! Ouça o que diz João, sobre isso e sobre os que estão lá: "[...] 'Quem são estes que estão vestidos de branco e de onde vieram?' Respondi: Senhor, tu o sabes. E ele disse: 'Estes são os que vieram da grande tribulação, que lavaram as suas vestes e as alvejaram no sangue do Cordeiro. [...] E Deus enxugará dos seus olhos toda lágrima' " (Apocalipse 7.13,14,17).

> Ali eu banharei minha alma cansada
> Em mares de descanso celestial.

> Não haverá nenhuma onda de tribulações
> Em meu sereno peito.

Ó filhos de Deus, que têm sofrido, que foram duramente provados, cujas experiências de dor têm frequentemente levado a um espírito quebrantado e a um coração dilacerado, alegrem-se! Deus está em todas as dificuldades, e ele fará que tudo "coopere para o bem", se forem pacientes, submissos e eficazes em oração.

7. A ORAÇÃO E A OBRA DE DEUS

Se o desejo de Jacó fosse dado a ele a tempo para que pudesse ter uma boa noite de sono, certamente ele não se tornaria o príncipe de oração que conhecemos hoje. Se a oração de Ana por um filho fosse atendida no tempo que ela estabeleceu para si mesma, a nação nunca teria conhecido o poderoso homem de Deus que foi Samuel. Ana queria apenas um filho, mas Deus queria mais. Ele queria um profeta, um salvador, um líder para seu povo. Alguém disse que "Deus precisou fazer uma mulher antes de conseguir um homem". Essa mulher que ele formou em Ana, precisamente durante as semanas, meses e anos em que se tornou uma mulher com uma visão igual à visão de Deus, de alma serena, espírito brando e vontade equilibrada, estava preparada para ser a mãe do tipo de homem que Deus tinha para aquela nação.

W. E. Binderwolf

Deus tem em mãos uma grande obra neste mundo. Essa obra está envolvida no plano da salvação. Abrange redenção e providência. Deus governa o mundo, com seres inteligentes, para sua glória e para o bem de todos. Qual é, então, a obra de Deus neste mundo? Especificamente, qual é a finalidade que ele busca em sua grande obra? Nada mais é do que a santidade de coração e de vida nos filhos do decaído Adão. O homem é uma criatura decaída, nascido de uma natureza pecaminosa, com inclinação maligna, tendências profanas, desejos pecaminosos, inclinações perversas. É profano por natureza, desde que nasceu. "Desviam-se desde que nascem, contando mentiras" (cf. Salmos 58.3)

O plano total de Deus é tomar posse do homem decaído e procurar mudá-lo e fazê-lo santo. A obra de Deus é fazer que homens perversos se tornem santos. Esta é a finalidade de Cristo ao vir ao mundo: "[...] Para isso o Filho de Deus se manifestou: para destruir as obras do Diabo" (1João 3.8). Deus e seus caminhos são santos por natureza, e ele deseja fazer o homem tal como a si mesmo. "Mas, assim como é santo aquele que os chamou, sejam santos vocês também em tudo o que fizerem, pois está escrito: 'Sejam santos, porque eu sou santo' "(1Pedro 1.15,16).

Isso é ser parecido com Cristo. Isso é seguir a Jesus Cristo. Esse é o objetivo de todo esforço cristão. É o desejo sincero e leal de toda alma verdadeiramente regenerada. É o que deve ser objeto de oração de forma séria e constante. Para que sejamos santos. Não que devamos nos tornar santos por nós mesmos, mas devemos ser limpos de todo pecado pelo precioso sangue expiatório de Cristo, e ser feitos santos pela ação direta do Espírito Santo. Não que devamos agir de forma santa, mas sim ser santos. O ser antecede o agir. Primeiro seja, depois aja. Primeiro obtenha um coração santo, depois viva uma vida santa. E para essa nobre e graciosa finalidade Deus tem a mais ampla provisão na obra expiatória do nosso Senhor e por meio da ação do Espírito Santo.

A obra de Deus no mundo é a implantação, o crescimento e a perfeição da santidade em seu povo. Lembre-se sempre disso. Mas podemos nos perguntar: essa obra tem avançado na igreja? Os homens e as mulheres têm buscado a santidade? A igreja moderna está comprometida em produzir homens e mulheres santos? Não se trata de perguntas vãs e especulativas, mas sim, práticas, pertinentes e muito importantes.

A igreja moderna tem uma grande engrenagem. Suas atividades são excelentes, e sua prosperidade material é incomparável. O nome religião está amplamente divulgado e conhecido entre nós. Na casa do tesouro do Senhor entram e se gastam altas somas de dinheiro. Mas a questão é: A obra da santidade caminha junto com tudo isso? Existe o peso de orações em favor da santidade das pessoas na igreja? Os nossos pregadores são realmente homens santos? Para ir um pouco além: Eles têm fome e sede de justiça, desejando o sincero leite da Palavra para que possam crescer? Procuram ser homens santos? Claro que homens inteligentes são bem-vindos ao púlpito, mas, antes disso e primeiramente, precisamos de homens santos que, quando estejam diante de homens moribundos, lhes proclamem a salvação de Deus.

Os ministros, assim como os leigos, e não mais que leigos, devem ser santos na vida, nas conversas e no modo de ser. Devem ser exemplos ao rebanho de Deus em todas as coisas. Devem pregar com a vida, assim como o fazem com as palavras. São necessários homens no púlpito que sejam imaculados em sua vida, discretos em seu comportamento: "para que venham a tornar-se puros e irrepreensíveis, filhos de Deus inculpáveis no meio de uma geração corrompida e depravada, na qual vocês brilham como estrelas no universo" (Filipenses 2.15). Os nossos pregadores são esse tipo de homens? Estamos simplesmente perguntando. Que os leitores façam seu próprio julgamento. A obra da santidade está crescendo entre os nossos pregadores?

Novamente perguntamos: os nossos líderes leigos são exemplos de santidade? Estão buscando santidade de coração e vida? Os homens de oração estão orando para que Deus os molde de acordo com seu padrão de santidade? Sua conduta nos negócios está livre da mancha do pecado, e sua prosperidade, livre dos delitos? Têm o alicerce sólido da honestidade? A retidão os tem levado a uma vida marcada pela dignidade e pela boa influência? A integridade nos negócios e a probidade têm andado lado a lado com

7. A oração e a obra de Deus

a atividade religiosa e com a observância no que condiz com a igreja?

Enquanto prosseguimos na nossa investigação, buscando luz para a obra de Deus no meio de seu povo, acrescentamos algumas perguntas quanto às mulheres. As mulheres que lideram nas nossas igrejas estão mortas para o padrão do mundo, separadas dele, não amoldadas a seus costumes e princípios? Estão elas se comportando como convêm à santidade, ensinando as mais novas por meio de palavras e vida as lições da modéstia, da obediência e da conservação do lar? São elas conhecidas por seus hábitos de oração? São exemplo nessa área?

Quão investigativas são todas essas questões? Ousaria alguém dizer que são perguntas impertinentes e fora do lugar? Se a obra de Deus é fazer homens e mulheres santos, e ele ofereceu amplas provisões na lei da oração para que tal coisa fosse feita, por que seria impertinente e inútil expor questões tão particulares e objetivas quanto essas? Elas têm a ver com a obra, seu progresso e perfeição. Essas perguntas atingem a raiz do problema. Acertam o alvo.

Muitas vezes enfrentamos uma situação prioritária por último. Não há por que fechar os olhos aos fatos. Se a igreja não faz esse tipo de trabalho — se não desenvolve seus membros à santidade de coração e vida —, então todas as nossas atividades e a exibição de trabalhos da igreja são uma ilusão e cilada.

Vamos, porém, perguntar a outro grande e importante grupo de pessoas da igreja. Eles são a esperança e o futuro da igreja. Todos os olhos estão fitos neles. Os nossos jovens estão crescendo com mente sóbria e reverência e em todas as qualidades cuja origem está em um coração renovado, o qual é a marca do sólido e permanente desenvolvimento da vida espiritual? Se não estivermos crescendo em santidade, não estamos fazendo nada de espiritual e duradouro.

Prosperidade material não é o sinal infalível de prosperidade espiritual. Aquela pode existir paralelamente à ausência desta. A prosperidade material pode facilmente cegar os olhos dos líderes da igreja a ponto de substituir a prosperidade espiritual. Quão grande é a necessidade de vigiar esse ponto! Prosperidade financeira não significa crescimento em santidade. As fases de prosperidade material raramente são épocas de avanço espiritual, tanto do indivíduo quanto da igreja. É tão fácil perder Deus de vista quando os bens aumentam. É tão fácil se apoiar em ações humanas, parar de orar e confiar em Deus quando a prosperidade material chega à Igreja.

Afirmou-se que a obra de Deus está progredindo e estamos crescendo em santidade; então surgem algumas questões desconcertantes que serão difíceis de responder. Se a Igreja está avançando nos caminhos de uma profunda espiritualidade — se somos um povo que ora, notáveis pelos hábitos da oração; se nosso povo está faminto por santidade —, então, nos perguntamos, por que vemos tão poucos derramamentos poderosos do Espírito Santo nas nossas principais igrejas e encontros? Por que poucos avivamentos surgem da vida do pastor, que é conhecido por sua profunda espiritualidade, ou da vida da igreja? Teria a mão do Senhor se encolhido a ponto de não poder nos salvar? Estariam seus ouvidos surdos para não nos escutar? Por que necessitamos sofrer pressão externa, pela reputação e pela comoção de algum evangelista renomado, a fim de termos o tão chamado avivamento? Essa é a realidade das nossas grandes igrejas e líderes. Por que o pastor não é suficientemente espiritual, santo e em comunhão com Deus para que não possa presidir seus próprios cultos de avivamento e ter um grande derramar do Espírito Santo na igreja, na comunidade e sobre ele? Só pode haver uma resposta para todas essas situações.

Temos cultivado outras coisas em detrimento da obra da santidade. Permitimos nossa mente se preocupar com coisas materiais na igreja. Infelizmente, quer intencionalmente quer não, substituímos o interior pelo exterior. Enfatizamos o visível e desprezamos o invisível. A grande verdade para a Igreja é que estamos muito mais avançados em assuntos materiais do que nos espirituais.

A causa, porém, para essa triste condição pode ser traçada no passado. Tem origem principalmente no declínio da oração. Com o declínio da obra de santidade, vem também o da oração. Assim como a oração e a santidade caminham juntas, se uma enfraquece, a outra também. Podemos dar desculpas e justificar o estado presente das coisas, se quisermos, mas é evidente que a ênfase do trabalho da igreja moderna não está na oração. Da mesma forma que isso ocorreu, tirou-se a ênfase da grande obra de Deus estabelecida na expiação e santidade do coração e da vida. A igreja não está produzindo homens e mulheres de oração porque não está intencionalmente comprometida na grande obra da santidade.

John Wesley notou que havia um declínio perceptível da santidade. Foi quando ele parou para averiguar a causa. Se formos tão sinceros quanto ele foi, veremos as mesmas causas operando para impedir a obra de Deus entre nós hoje. Em carta a seu irmão Charles, vai direto ao ponto e faz uma análise breve e incisiva sobre o tema. Assim começa a carta:

> O que tem dificultado o trabalho? Quero considerar isso. E, devemos admitir, nós somos os primeiros.

7. A oração e a obra de Deus

Se fôssemos mais santos de coração e vida, profundamente dedicados a Deus, não estaríamos todos os pregadores inflamados, levando com nós mesmos a chama por toda a terra?

Não é o obstáculo seguinte a pequenez da graça (mais do que das dádivas), presente em um considerável número de nós, pregadores? Eles não têm a mente de Cristo. Não andam firmemente como ele. E, portanto, a mão de Deus está firme; embora não completamente, ele ainda trabalha. Mas não tanto quanto ele faria se fossem santos como ele é santo.

Não estaria o terceiro obstáculo, a pequenez da graça, na maior parte do nosso povo? Por isso, oram pouco e com pouco fervor por uma bênção geral. Dessa forma, suas orações têm pouco poder com Deus. Não mais abrem e fecham os céus, como outrora.

Além disso, da mesma forma que há muito do espírito do mundo no coração deles, há muita conformidade com o mundo na vida deles. Deveriam ser luzes brilhantes e reluzentes, mas não brilham nem reluzem. Não são sinceros com as leis que professam observar. Não são santos em nenhum tipo de conversa. Ou melhor, muitos são sais que perderam o sabor, o pouco que antes havia. De que forma então o restante da terra deverá ser temperada? Que surpresa saber que seus vizinhos continuam profanos como antes.

Ele acerta em cheio. Bem no centro. Avalia a causa. Confessa livremente que ele e Charles são a primeira causa no declínio da santidade. Os líderes ocupam posições de responsabilidade. Conforme caminham, assim caminha a igreja. Dão luz à igreja. Determinam amplamente o caráter e a obra da igreja. Que santidade deveria marcar esses líderes? Que zelo deveria caracterizá-los? Que vida de oração deveria ser vista neles! Que influência deveriam ter com Deus! Se a cabeça for fraca, o corpo inteiro sentirá o golpe.

Os pastores são os próximos. Quando os pastores líderes e seus liderados, os pastores auxiliares, protelam seu avanço na santidade, o pânico alcançará o final da linha. Como são os pastores, assim é o povo. Se não oram, o povo seguirá seus passos. Se forem negligentes no trabalho da santidade, não haverá fome e sede por santidade pelos leigos. Se não se importam em obter a maior e melhor experiência espiritual que Deus tem para eles, o povo seguirá no mesmo rumo.

Uma das declarações de Wesley precisa ser repetida com ênfase. A pequenez da graça — mais do que a falta de talento — é a maior causa no que refere aos pregadores. Pode ser estabelecida a seguinte máxima: Como regra geral, a obra de Deus falha mais pela falta de graça que pela falta de dons. É mais que isso. Vai além, pois a abundância da graça traz o aumento dos dons. Podemos repetir que resultados pífios, experiência superficial, vida religiosa fraca, pregações inúteis e ineficazes sempre fluem da falta de graça; a qual flui da falta de oração. A graça excelente provém da excelência na oração.

> Qual é a gloriosa esperança do nosso chamado
> Senão a santidade interior?
> Por isso procuro por Jesus,
> E espero tranquilamente.
>
> Esperarei até que ele me limpe,
> E transmita vida e poder;
> Dá-me a fé que expele o pecado,
> E que purifica o coração.

Ao dar sequência à sua obra no mundo, Deus trabalha por meio de agentes humanos. Por meio de sua Igreja coletivamente e por meio de seu povo individualmente. Para que sejam agentes eficazes, devem ser "vaso para honra, santificado, útil para o Senhor e preparado para toda boa obra" (2Timóteo 2.21). Deus trabalha de forma mais efetiva por meio de homens santos. Essa obra tem progresso nas mãos de homens de oração. Pedro nos diz que o marido que não se converte pela Palavra de Deus é alcançado pelo procedimento da esposa. São os "puros e irrepreensíveis, filhos de Deus inculpáveis" que trazem à tona a palavra da vida "no meio de uma geração corrompida e depravada" (Filipenses 2.15).

O mundo não julga a religião pelo que a Bíblia diz, mas pela vida dos cristãos. Os cristãos são a Bíblia que os pecadores leem. Sua vida são as epístolas a serem lidas por todos. " 'Assim, pelos seus frutos vocês os reconhecerão!' " (Mateus 7.20). A ênfase deve ser dada à santidade de vida. Mas infelizmente a igreja moderna tem enfatizado outras coisas. Ao selecionar voluntários para a obra e oficiais eclesiásticos, a qualidade da santidade não é considerada. A prática da oração parece não ser levada em conta, o que é contrário a todo movimento e plano de Deus. Ele busca homens santos, reconhecidos por seus hábitos de oração. É raro encontrar líderes de oração. A conduta de oração não é contada como a maior qualificação para o trabalho na igreja.

Não é de espantar que essa grande obra de Deus no mundo avance pouco. É até surpreendente quanto já foi feito com agentes tão débeis e imperfeitos. "Consagrado ao SENHOR" (Êxodo 28.36) precisa ser novamente escrito nos emblemas das igrejas. Mais uma vez deve ser ecoado nos ouvidos dos cristãos modernos: "Esforcem-se para viver em paz com todos e para serem santos; sem santidade ninguém verá o Senhor" (Hebreus 12.14).

Repetimos e reiteramos que esse é o padrão divino da religião. Nada menos do que isso satisfará o requerimento divino. Ah, que perigo de desilusão nesse ponto! Quão próximo pode alguém chegar de estar certo e, ainda assim, estar errado! Muitos chegam próximo de pronunciar corretamente a palavra-teste "xibolete", mas erram. "Muitos me dirão naquele dia: 'Senhor, Senhor' ", disse Jesus, que em seguida, atesta, lhes dirá: " 'Nunca os conheci. Afastem-se de mim, vocês que praticam o mal!' " (Mateus 7.22,23).

Os homens podem fazer muitas boas obras e mesmo assim não serem santos de coração e justos na conduta. Podem realizar muitas boas obras e ter de menos a qualidade espiritual do coração chamada santidade. Quão grande é a necessidade de ouvir as palavras de Paulo nos guardando contra o autoengano na grande obra da salvação pessoal: "Não se deixem enganar: de Deus não se zomba. Pois o que o homem semear isso também colherá" (Gálatas 6.7).

> Oh, que eu me afaste do pecado;
> Um sábio e compreensivo coração,
> Jesus me dará;
> Permita-me por teu espírito saber
> Glorificar meu Deus na terra,
> E encontrar meu caminho para o céu.

8. ORAÇÃO E CONSAGRAÇÃO

> Eudamidas, um cidadão de Corinto, morreu na miséria; mas, tendo dois amigos ricos, Arcteus e Carixenus, deixou o seguinte testamento: "Em virtude do meu último desejo, lego a Arcteus minha mãe, e a Carixenus minha filha, para que sejam levadas às suas casas e amparadas pelo resto da vida". Esse testamento ocasionou muito riso e gargalhada. Os dois legatários ficaram contentes e executaram afetuosamente tal desejo. Se os pagãos confiam uns nos outros, por que não deveria eu nutrir confiança muito maior no meu amado Mestre, Jesus? Por meio desta carta, portanto, o nomeio meu único herdeiro, confiando-lhe minha alma, meus filhos e irmãs, para que ele possa adotá-los, protegê-los e sustentá-los por seu grande poder para a salvação. Todo o resto de meus pertences será confiado a seu santo conselho.
>
> GOTTHOLD

QUANDO ESTUDAMOS AS VÁRIAS facetas da oração, surpreendemo-nos com a quantidade de coisas a que está interligada. Não há nenhuma etapa da vida humana que não seja afetada por ela, e a oração tem relação com tudo que se refere à salvação humana. Oração e consagração estão intimamente relacionadas. A consagração é levada e regida pela oração. Esta precede aquela, acompanha-a e é seu resultado direto.

8. Oração e consagração

Há muitas coisas que carregam o nome de consagração sem que o sejam. Muito da consagração atual é defeituoso, superficial e espúrio, sem valor no que se refere aos meios e fins da consagração. Infelizmente, a consagração popular está em falta, pois há pouca ou nenhuma oração envolvida. Por um lado, a falta de consagração deve ser objeto de reflexão, pois é fruto de pouca oração e fracassa ao levar alguém a uma vida de oração. Por outro lado, a oração é algo proeminente em uma vida consagrada.

A consagração é muito mais do que uma vida de serviço. É, primeiramente, uma vida de santidade pessoal. É isso que traz poder espiritual ao coração e aviva o homem interior. Trata-se de uma vida que sempre reconhece Deus e que está dedicada à verdadeira oração.

A consagração integral é o mais elevado tipo de vida cristã. É o padrão divino de vida, experiência e serviço. É o que todo cristão deve almejar. Nada além da total consagração deve satisfazê-lo.

Nunca deve se contentar até que seja inteiramente do Senhor por vontade própria. Sua vida de oração voluntária e involuntária o leva a esse ato.

A consagração é o ato voluntário de dedicação a Deus, uma oferta feita sem ressalvas. É a separação de tudo que somos, temos e esperamos ter ou ser a Deus. Não é tanto a nossa dedicação à Igreja, ou nosso envolvimento em algum ministério da igreja. O Deus todo-poderoso está no panorama e é a finalidade de toda consagração. É a separação de alguém a Deus, a devoção de tudo que ele é e tem para o uso sagrado. Algumas coisas podem ser dedicadas a um propósito especial, mas isso não se trata de consagração propriamente dita. A consagração tem uma natureza sagrada. É dedicada para fins sacros. É a ação voluntária de se pôr nas mãos de Deus para ser usado de forma sagrada, santa, com vistas a uma finalidade piedosa.

A consagração não é tanto a separação de coisas pecaminosas e perversas, mas sim a separação de coisas mundanas, seculares e até mesmo legítimas, caso sejam conflitantes com os planos de Deus, para uso sagrado. É a devoção de tudo que temos a Deus para seu propósito específico. É a separação das coisas questionáveis, ou mesmo legítimas, quando a escolha deve ser feita entre coisas desta vida e os propósitos de Deus.

A consagração que é aceita e vai ao encontro das demandas de Deus deve ser integral, completa, sem ressalvas mentais, sem nenhum impedimento. Não pode ser parcial, assim como um holocausto nos tempos do Antigo Testamento não podia ser incompleto. O animal inteiro deveria ser oferecido no sacrifício. Reservar alguma parte do animal corromperia seriamente a oferta. Portanto, fazer uma consagração parcial e de coração dividido significa não consagrar nada e falha totalmente em obter a aceitação divina. Envolve todo o ser, tudo que temos e somos. Tudo é posto voluntária e definitivamente nas mãos de Deus para seu supremo uso.

A consagração não é o único fator da santidade. Muitos erram nesse ponto. A consagração nos faz relativamente santos. Somos santos no sentido de que estamos agora mais próximos de Deus, o que não estávamos outrora. A consagração é o lado humano da santidade. Nesse sentido, e apenas nesse, é a autossantificação. A santidade ou santificação, em seu sentido mais elevado e verdadeiro, é divina, o ato do Espírito Santo trabalhando no coração, limpando-o e inserindo os frutos do Espírito em um grau mais elevado.

Essa distinção é claramente estabelecida e mantida em mente por Moisés, em Levítico, quando menciona o lado humano e divino da santificação ou santidade: " 'Consagrem-se, porém, e sejam santos, porque eu sou o SENHOR, o Deus de vocês. Obedeçam aos meus decretos e pratiquem-nos. Eu sou o SENHOR que os santifica' " (20.7,8).

Estamos aqui para nos santificarmos, e na frase seguinte somos ensinados que o Senhor nos santificará. Deus não nos consagra a seu serviço. Não nos santificamos nesse sentido. Aqui temos o significado duplo da santificação, e uma distinção que devemos sempre manter em mente.

Consagração sendo o ato voluntário e inteligente do cristão é o resultado direto da oração. Um homem sem o hábito de orar nunca concebeu a ideia de uma consagração total. Falta de oração e consagração não tem nada em comum. Uma vida de oração leva naturalmente a uma total consagração. Não leva a outro lugar. De fato, uma vida de oração somente pode ser satisfeita com uma total dedicação a Deus. A consagração reconhece o total senhorio de Deus sobre nós e concorda alegremente com a verdade estabelecida por Paulo: "Acaso não sabem [...] que vocês não são de vocês mesmos? Vocês foram comprados por alto preço. Portanto, glorifiquem a Deus com o seu próprio corpo" (1Coríntios 6.19,20).

A verdadeira oração conduz a esse caminho. Não leva a nenhum outro destino. Está confinada a caminhar para esse objetivo. É seu resultado natural. Esse é o tipo de trabalho que a oração produz. Orar produz pessoas consagradas. Não leva a outra direção. Caminha para esse fim. Visa a esse propósito.

Assim como a oração conduz à consagração, também impregna inteiramente uma vida consagrada. A vida de oração e a de consagração são companheiras íntimas. São gêmeas siamesas, inseparáveis.

8. Oração e consagração

A falta de oração que reivindica consagração é um contrassenso, uma falsificação.

A consagração é, de fato, a separação de alguém para uma vida de oração. Não significa apenas orar, mas orar habitualmente e de forma mais eficaz. É pela oração que o homem consagrado se desenvolve mais. Deus ouve o homem devotado totalmente a Deus. Ele não nega o pedido daquele que renunciou a todas as suas reivindicações e que se dedicou completamente a Deus e sua obra. Esse ato do homem consagrado coloca-o "de joelhos no chão e pleiteando termos" com Deus. Coloca-o no alcance de Deus em oração. Coloca-o onde possa falar com Deus e influenciá-lo a fazer coisas que ele não faria de outra maneira. Consagração traz respostas de oração. Deus pode confiar em homens consagrados. Deus pode conceder seu comprometimento àqueles que se comprometem com ele pela oração. Aquele que dá tudo a Deus terá tudo de Deus. Ao dar tudo para tudo, podemos reivindicar tudo o que Deus tem para nós.

Da mesma forma que a oração é a condição para uma total consagração, é também a oração o hábito e a regra daquele que se dedicou ao Senhor. A oração é agradável na vida consagrada. Não é uma coisa estranha. Há uma afinidade peculiar entre oração e consagração, pois ambas reconhecem o Senhor e se submetem a ele, têm seu alvo e finalidade em Deus.

A oração faz parte de uma parcela da vida consagrada. É constante, inseparável e companhia íntima da consagração. Andam e conversam juntas.

Há muito que falar sobre o assunto, pois muitas pessoas são denominadas consagradas sem saber o básico da consagração. Muito da consagração moderna está longe dos padrões bíblicos. Não há nenhuma consagração real nelas. Assim como há muito orar sem haver nenhuma oração, há muita chamada consagração na igreja moderna sem nenhuma consagração. Há muita consagração na igreja que recebe aplausos e louvor de estudiosos superficiais, mas que estão longe do alvo. Há muita correria pra lá e pra cá, ali e aqui, muita pompa e circunstância, vai e vem, muitas atividades, e aqueles que se ocupam disso são chamados de homens e mulheres consagrados. O problema central da falsa consagração é que não há nenhuma oração nisso, nem é resultado direto de oração. As pessoas podem fazer muitas coisas excelentes e notáveis na igreja e ao mesmo tempo serem totalmente estranhas a uma vida de consagração, da mesma forma que podem fazer muitas coisas sem ter o hábito de orar.

Aqui está o verdadeiro teste da consagração. Trata-se de uma vida de oração. A não ser que a oração seja prioritária e esteja na dianteira, a consagração é falha, enganosa e está mal definida. A pessoa ora? Essa é a questão-teste de todo homem que se diz consagrado. É um homem de oração? Caso não haja oração, então devemos considerar a falta de consagração. Ou melhor: se não houver em primeiro lugar e notadamente uma vida de oração.

Deus quer homens consagrados, pois eles podem orar e o farão. Pode usar homens consagrados porque pode usar homens de oração. Assim como homens que não oram são obstáculos para Deus, entravando e impedindo o sucesso de sua causa, da mesma forma os homens não consagrados são inúteis, barrando Deus de levar adiante seus planos de graça e de executar seus nobres propósitos de redenção. Deus quer homens consagrados porque quer homens de oração. A consagração e a oração são encontradas no mesmo homem. A oração é a ferramenta com a qual o homem consagrado trabalha. Esses homens são os agentes pelos quais a oração age. A oração auxilia-os a manter a atitude santa, os mantém vivos para Deus e contribui para que façam a obra para a qual foram chamados e se dedicaram. A consagração auxilia a eficácia da oração. Permite que o homem extraia o máximo da oração.

> Deixem-no, a quem nós agora pertencemos,
> Seu soberano direito reivindicar;
> E ocupar-se de cada canção de agradecimento,
> E de cada coração amoroso.

Ele nos reivindica justamente para si,
Pois comprou-nos por alto preço;
O cristão vive apenas para Cristo,
E para Cristo somente morre.

Devemos insistir em que o principal propósito da consagração não é o serviço no sentido comum da palavra. Na mente de muitos, o serviço significa nada mais do que se comprometer em alguma das muitas formas de atividade da igreja moderna. Há uma vastidão dessas atividades, o suficiente para preencher o tempo e a mente de qualquer um, de fato, mais do que o suficiente. Algumas podem ser boas; outras não. A igreja moderna está cheia de equipamentos, organizações, comitês e agremiações, tanto que o poder que a igreja possui é de todo insuficiente para mover a engrenagem ou para produzir vida o suficiente para fazer esse trabalho externo. A consagração tem uma finalidade muito mais nobre e elevada do que meramente expandir-se em formalidades externas.

A consagração visa o tipo certo de serviço — o tipo bíblico. Procura servir a Deus, mas em uma esfera totalmente diferente daquela presente na mente dos líderes e trabalhadores da igreja moderna. O tipo de serviço mencionado por Zacarias, pai de João Batista, na maravilhosa profecia e declaração de Lucas

1.74, diz assim: "resgatar-nos da mão dos nossos inimigos para o servirmos sem medo, em santidade e justiça, diante dele todos os nossos dias".

Aqui temos a ideia de "servir a Deus em santidade e justiça todos os nossos dias".

O mesmo tipo de serviço é mencionado em Lucas no grande tributo ao pai e à mãe de João Batista antes de este nascer: "Ambos eram justos aos olhos de Deus, obedecendo de modo irrepreensível a todos os mandamentos e preceitos do Senhor" (1.6).

Paulo, ao escrever aos filipenses, acerta o mesmo ponto ao enfatizar uma vida irrepreensível: "para que venham a tornar-se puros e irrepreensíveis, filhos de Deus inculpáveis no meio de uma geração corrompida e depravada, na qual vocês brilham como estrelas no universo, retendo firmemente a palavra da vida [...]" (Filipenses 2.15,16).

Devemos mencionar a verdade que é estranhamente negligenciada nestes dias por aquilo que é chamado de trabalhadores pessoais, citados nas epístolas de Paulo e de outros. Não são as chamadas atividades da igreja, as quais são exibidas externamente, mas sim a vida pessoal. É o bom procedimento, a conduta justa, a vida santa, a conversação santa, o temperamento equilibrado — coisas que pertencem primariamente à vida pessoal na religião. Sempre que estas são enfatizadas, colocadas em primeiro plano, há êxito. Em primeiro lugar, a religião conduz a pessoa a viver corretamente. Ela se deixa transparecer na forma de vida. Desse modo, a religião mostra sua realidade, sinceridade e divindade.

> Que nossos lábios e vidas expressem
> O evangelho santo que professamos;
> Que nossas obras e virtudes brilhem
> Para provarem a doutrina divina.
>
> Assim, melhor proclamaremos fora
> As honras do nosso Deus Salvador;
> Quando a salvação reina no interior
> E a graça subjuga o poder do pecado.

A grande finalidade da consagração é a santidade da vida e do coração. É para glorificar a Deus, e isso é feito da melhor forma por uma vida santa que flui de um coração limpo de todo pecado. O grande fardo do coração que pesa sobre qualquer um que se torna cristão está exatamente nesse ponto. Algo que ele sempre deverá ter em mente, para promover esse tipo de vida e coração, vigiando, orando e dirigindo com toda a diligência o uso de todos os meios de que a graça dispõe. Aquele que é verdadeira e completamente consagrado vive uma vida santa. Busca por santidade de coração. Não se satisfaz sem isso. É por esse propósito que ele se consagra a Deus. Ele se entrega totalmente ao Senhor para ser santo de vida e coração.

Assim como a santidade de vida e coração é completamente impregnada com oração, assim também a consagração e a oração estão fortemente ligadas na religião pessoal. É preciso orar para levar alguém a uma vida consagrada de santidade ao Senhor, e é preciso oração para mantê-la. Sem uma vida de oração, tal vida de santidade ruirá. Pessoas santas são pessoas que oram. A santidade de coração e vida conduz as pessoas a orar. A consagração leva a pessoa a orar com persistência.

Pessoas que não oram são estranhas a tudo que tange a santidade e pureza de coração. Os que não estão familiarizados com o momento de oração não estão nem um pouco interessados em consagração e santidade. A santidade prospera no lugar secreto da oração. Os ambientes de oração solene são favoráveis à sua existência e cultura. No recôndito, a santidade é encontrada. Consagração traz a pessoa à santidade de coração, e a oração se faz presente quando há essa atitude.

O espírito da consagração é o espírito da oração. A lei da consagração é a lei da oração. Ambas trabalham em perfeita harmonia, sem o menor choque ou discórdia. A consagração é a expressão prática da verdadeira oração. Pessoas consagradas são conhecidas por seus hábitos de oração. A consagração se expressa na oração. Aquele que não tem interesse na oração não tem interesse na consagração. A oração cria o interesse na consagração e leva o homem ao estado de coração onde a consagração fica sujeita ao prazer, trazendo alegria do coração, satisfação da alma, contentamento do espírito. A alma consagrada é a mais feliz. Não há atrito entre aquele que se entregou totalmente a Deus e a vontade de Deus. Há perfeita harmonia entre a vontade de tal homem e a de Deus. As duas vontades estando em perfeito acordo trazem descanso à alma, ausência de conflitos e a presença da paz perfeita.

> Senhor, na força da graça,
> Com coração alegre e livre,
> Eu, e o que me resta de vida,
> Consagro a ti.
>
> Teu servo resgatado, eu
> Devolvo a ti o que é teu
> E a partir deste momento, viver ou morrer,
> Para servir somente ao meu Deus.

9. A ORAÇÃO E UM PADRÃO RELIGIOSO DEFINIDO

> O anjo Gabriel o descreveu como "o Santo"
> antes de ele nascer.
> Assim como ele era, também somos,
> em nossa medida, neste mundo.
> Dr. Alexander White

GRANDE PARTE DA FRAQUEZA, infertilidade e escassez da religião é resultado do fracasso de não ter padrões bíblicos e razoáveis, os quais definem o caráter e medem os resultados; e isso decorre da falta da oração e da falha em não estabelecê-la como norma. Não podemos acompanhar nossos avanços na religião se não há um ponto de chegada. Sempre deve haver algo definido diante de nossos olhos para onde devemos ir e para onde estamos apontando. Não podemos contrastar o que está em forma com o que não está se não há um modelo a ser seguido. Nem pode haver inspiração se não há um alvo maior para nos estimular.

Muitos cristãos estão desarticulados e sem objetivo por não terem um padrão a seguir que modele o caráter e a conduta. Movem-se sem rumo, sua mente opaca, sem modelo, sem ponto de vista, sem critério pelo qual se esforçar. Não há um critério pelo qual avaliar e medir seus esforços. Não há um ímã para atrair seus olhos, acelerar seus passos, movê-los e mantê-los firmes.

Toda essa ideia vaga sobre religião cresce da noção incorreta da oração. A oração auxilia a estabelecer um padrão claro e definido de religião. É o que auxilia a estabelecer tal padrão em nível elevado. Aqueles que oram têm algo definido em mente. De fato, a oração por si só é algo bem definido, com um objetivo específico e um alvo claro a ser atingido. Visa a mais precisa, elevada e doce experiência religiosa. Os que oram almejam tudo que Deus tem para eles. Não se satisfazem com uma vida religiosa pífia, superficial, vaga e indefinida. Não buscam apenas uma obra da graça mais profunda, mas sim a mais profunda obra da graça possível e prometida. Não buscam ser salvos de alguns pecados, mas de todos os pecados, interiores e exteriores. Não buscam apenas a libertação de pecar, mas sim do próprio pecado, de sua natureza, seu poder e mácula. Buscam santidade de coração e vida.

A oração crê e busca pela mais elevada vida religiosa estabelecida diante de nós pela Palavra de Deus. A oração é a condição para esse tipo de vida. Aponta para o único caminho para tal vida. O padrão da vida religiosa é o padrão da oração. A oração é tão vital, essencial, vasta, que entra na religião por completo e estabelece o padrão claro e definido diante dos olhos. O nível da nossa avaliação da oração firma nossas ideias do padrão da vida religiosa. O padrão da religião bíblica é o padrão da oração. Quanto mais houver oração na vida, maiores e mais definidas serão nossas noções de religião.

As Escrituras por si sós constituem o padrão da vida e experiência. Quando estabelecemos nossos próprios padrões, há desilusão, falsidade nos nossos desejos; a conveniência e o prazer estabelecem o padrão, e essa é uma norma vil e carnal. Com base nisso, todos os princípios fundamentais da vida cristã são deixados de fora. Qualquer padrão de religião que faz concessões à carne é antibíblico e nocivo.

Nem devemos permitir que outros estabeleçam o padrão da religião por nós. Quando permitimos que outros estabeleçam o padrão da religião, este se torna algo deficiente, pois, como em qualquer falsificação, os defeitos são salientados pelo falsificador mais do que suas virtudes; assim, cria-se um segundo homem desfigurado pelos defeitos.

O maior dano ao determinar o que é religião com base no que os outros dizem é permitir a opinião atual, o contágio do exemplo, o nível religioso entre nós moldando nossa opinião e nosso caráter religioso. Adoniram Judson escreveu o seguinte a um amigo: "Imploro a você não se satisfazer com a religião banal que prevalece nos dias de hoje".

A religião banal é prazerosa à carne e ao sangue. Não há abnegação, não carrega nenhuma cruz, não há autocrucificação. É boa o suficiente para os nossos vizinhos. Por que deveríamos ser excepcionais e puritanos? Os outros estão vivendo de forma superficial, de forma comprometedora, vivendo como o mundo vive. Por que devemos ser peculiares, zelosos de boas obras? Por que devemos lutar pelo céu, ao passo que muitos estão navegando para lá em um mar de rosas? Estariam os descolados, imprudentes, ociosos, que vivem sem orar, indo para o céu? Seria o céu o lugar perfeito para que não oram, que vivem de forma solta e dissoluta? É a grande questão.

Paulo nos adverte sobre o perigo de medir nosso padrão pela jovialidade, pela amizade dos prazeres, tendo a religião voltada para nós:

> Não temos a pretensão de nos igualar ou de nos comparar com alguns que se recomendam a si mesmos. Quando eles se medem e se comparam consigo mesmos, agem sem entendimento. Nós, porém, não nos gloriaremos além do limite adequado, mas limitaremos nosso orgulho à esfera de ação que Deus nos confiou, a qual alcança vocês inclusive (2Coríntios 10.12,13).

9. A oração e um padrão religioso definido

Nenhum padrão de religião que deixa de lado a oração merece ser considerado. Nem o que não faz da oração o principal ato da religião. A oração é tão necessária, fundamental aos planos de Deus, tão importante para a vida religiosa, que está presente em toda a religião cristã. A oração por si só é um padrão, definido, enfático e bíblico. Uma vida de oração é uma norma divina. Esse é o padrão, assim como nosso Senhor, sendo um homem de oração, é o padrão que devemos imitar. A oração modela o padrão da vida religiosa. É a medida. Molda a vida.

A visão vaga, indefinida e popular da religião não contém oração. Em seu programa, a oração é completamente deixada de lado ou colocada de forma tão pífia e insignificante que nem merece ser mencionada. O padrão humano de religião não contém nenhuma oração.

Devemos visar o padrão de Deus, não dos homens. Não é o que os homens pensam ou opinam, mas sim o que as Escrituras dizem. Noções superficiais e frouxas de religião brotam de noções pobres de oração. A falta de oração gera uma visão vaga, opaca e indefinida do que é religião. Falta de oração e falta de objetivo andam de mãos dadas. A oração estabelece algo definido em nossa mente. Quanto mais precisa a nossa visão da natureza e necessidade da oração, melhor será nossa visão da experiência cristã e vida genuína, e menos vaga será nossa visão da religião. Um padrão inferior de religião convive com um padrão inferior de oração.

Tudo na vida religiosa depende da definição. A determinação das nossas experiências religiosas e da nossa vida dependerá da nossa visão do que é a religião e no que ela consiste.

As Escrituras estabelecem para nós o padrão da total consagração a Deus. Essa é a norma divina. Esse é o lado humano desse padrão. O sacrifício aceito por Deus deve ser integral, inteiro, uma oferta completa. Essa é a medida estabelecida na Palavra de Deus. Nada além disso satisfaz Deus. Nenhum coração dividido o satisfará. "Um sacrifício vivo", santo e perfeito em todas as partes é a medida do nosso culto a Deus. Uma total renúncia de si mesmo, um livre reconhecimento dos direitos de Deus sobre nós e uma sincera oferta de tudo a ele — este é o requerimento divino. Não há nada de indefinido nisso. Nada governado por opiniões de terceiros ou afetado pela maneira pela qual vivem os homens.

Ao mesmo tempo que a vida de oração é adotada em total consagração, a oração conduz ao ponto onde a consagração completa é feita a Deus. A consagração nada mais é do que a expressão silenciosa da oração. E o padrão religioso mais alto é medido pela oração e devoção a Deus. A vida de oração e a vida de consagração são parceiras na religião. Estão tão intimamente ligadas que nunca se separam. A vida de oração é o fruto da total consagração a Deus. A oração é o fluxo natural de uma vida verdadeiramente consagrada. A medida da consagração é a da verdadeira oração. Nenhuma consagração satisfaz Deus se não for perfeita em todas as partes, assim como a oferta de um judeu jamais era aceita se não fosse um sacrifício completo. E uma consagração desse tipo, após a medida divina, tem como princípio básico a atividade da oração. A consagração é feita a Deus. E a oração tem a ver com Deus. A consagração é a completa exposição de alguém à disposição de Deus. E Deus quer e ordena que todos os consagrados sejam pessoas de oração. Esse é o padrão definido que devemos almejar. Não podemos buscar nada inferior a isso.

O padrão bíblico de religião inclui uma clara experiência religiosa. A religião não é nada se não for experimental. Apela para a consciência. É uma experiência adicionada à vida religiosa. Há a parte interna e a parte externa da religião. Devemos não somente "desenvolver nossa salvação com temor e tremor", mas também "é Deus quem efetua em vocês tanto o querer quanto o realizar, de acordo com a boa vontade dele" (Filipenses 2.13). Há uma "boa obra em você", assim como uma vida lá fora a ser vivida. O novo nascimento é uma experiência cristã definida, provada por marcas infalíveis, apelando à consciência. A testemunha do Espírito não é indefinida, vaga, mas sim definida, com clara certeza interior dada pelo Espírito Santo de que somos filhos de Deus. De fato, tudo que pertence à experiência religiosa é claro e definido, e traz alegria consciente, paz e amor. Esse é o padrão divino de religião, alcançado por sinceridade, oração constante e uma experiência religiosa mantida viva e ampliada pelos mesmos meios da oração.

É importante ter uma finalidade a ser atingida em toda busca, para a qual os esforços serão direcionados, a fim de conceder unidade, energia e estabilidade. Na vida cristã, tal finalidade é de extrema importância. Sem um padrão elevado a ser alcançado diante de nós, pelo qual buscamos diligentemente, a fadiga debilitará o esforço, e a experiência passada se corromperá ou se dissipará em um mero sentimento, ou se petrificará em um hábito frio e sem amor.

Devemos prosseguir. "Portanto, deixemos os ensinos elementares a respeito de Cristo e avancemos para a maturidade [...]" (Hebreus 6.1). O espaço que ocupamos hoje deve ser mantido pelos avanços, e o futuro deve ser coberto e iluminado por isso. Na religião, não devemos apenas prosseguir. Precisamos saber para onde estamos indo. Isso é de grande importância. É essencial que, no decorrer da experiência cristã, tenhamos algo definido em mente e avancemos rumo ao alvo. Prosseguir sem saber para onde estamos indo é completamente vago, indefinido, como um homem que começa uma jornada sem ter um destino em mente. É importante que não percamos de vista o ponto de partida na vida religiosa e que avaliemos os passos já dados. Mas também é necessário ter em mente o objetivo e que os passos necessários para alcançar o padrão estejam sempre diante dos olhos.

10. ORAÇÃO NASCIDA DA COMPAIXÃO

Abra o Novo Testamento, leve-o aos joelhos e ponha Jesus Cristo diante de você. Você é como Davi no salmo 33? Sua alma está sedenta por Deus, e sua carne ansiando por ele em uma terra seca onde não há água? Em seguida, veja Jesus no poço de Samaria diante dos olhos do seu sedento coração. E novamente coloque-o diante do seu coração na ocasião em que ele se levanta no último dia, o grande dia da festa, e clamou, dizendo: " 'Se alguém tem sede, venha a mim e beba' ". Ou será que você está mais para Davi após o ocorrido com Urias? "Pois de dia e de noite a tua mão pesava sobre mim; minhas forças foram-se esgotando como em tempo de seca". Depois, imagine-o à sua frente, dizendo: " 'Não são os que têm saúde que precisam de médico, mas sim os doentes. [...] Pois eu não vim para chamar justos, mas pecadores' ". Ou seria você o infeliz pai do filho pródigo? Nesse caso, tenha sempre o Pai celestial diante de você: e ponha o Filho de Deus diante de você enquanto ele cria e transmite a parábola das parábolas a você e ao seu filho.

Dr. Alexandre White

TRATAREMOS AQUI MAIS PRECISAMENTE sobre a compaixão espiritual que nasce de um coração renovado e encontra

10. Oração nascida da compaixão

ali sua hospitalidade. Essa compaixão tem em si a qualidade da misericórdia, tem a natureza da clemência e conduz a alma que nutre sensibilidade pelos sentimentos de outros. A compaixão se comove quando vê pecado, tristeza e sofrimento. Está no extremo oposto da indiferença de espírito a necessidades e angústias de terceiros e separada da insensibilidade e dureza de coração em meio a carência, adversidades e miséria. A compaixão anda ao lado da solidariedade, do interesse e da preocupação pelos outros.

A visão da multidão em necessidade, aflição e incapacidade de se libertar impulsiona e desenvolve a compaixão, pondo-a em ação. O desamparo apela especialmente à compaixão. A compaixão é silenciosa, mas não permanece isolada. Mostra-se à vista de qualquer problema, pecado e necessidade. Flui na oração sincera, primeiramente em benefício daqueles com quem se solidariza. A oração pelos outros nasce de um coração complacente. A oração é natural e praticamente espontânea quando a compaixão é gerada no coração. A oração pertence ao homem compassivo.

Há certa compaixão que pertence ao homem natural e que não deve ser desprezada, a qual despende suas forças em doação aos necessitados. Mas a compaixão espiritual, gerada do coração renovado, cristã em sua natureza, é mais profunda, mais ampla e movida pela oração. A compaixão cristã sempre conduz à oração. Vai além do mero alívio que o corpo necessita: "Aqui está roupa para você se aquecer; vista-se". Chega mais profundo e além.

A compaixão não é cega. Melhor dizendo, a compaixão não nasce da cegueira. Aquele que tem compaixão na alma tem olhos, primeiramente para ver as coisas que a encorajam. Aquele que não tem olhos para ver a demasiada pecaminosidade, a carência e a aflição da humanidade, nunca terá compaixão pelos homens. Está registrado sobre o Senhor que "Ao ver as multidões, teve compaixão delas" (Mateus 9.36). Primeiro, ao ver as multidões, sua fome, suas aflições e seu desamparo, sentiu compaixão. Em seguida, orou pelas multidões. Aquele que vê as multidões e não se sente movido pelo estado triste em que se encontram, suas angústias e perigos, é insensível e não se parece com Cristo. Não tem o coração de um homem de oração.

A compaixão nem sempre pode mover os homens, mas sempre é movida em direção aos homens. Nem sempre conduz os homens a Deus, mas conduzirá e conduz Deus aos homens. E, quando é incapaz de aliviar as necessidades dos outros, pode ao menos irromper em oração a Deus em favor dos outros. Nunca é indiferente, egoísta e indiferente para com outros. A compaixão por si só tem a ver com outros. O fato de as multidões serem como ovelhas sem pastor foi o que motivou a compaixão natural do nosso Senhor. Em seguida, a fome delas o moveu, e a visão dos sofrimentos e doenças agitou a piedade de seu coração.

> Pai de misericórdias, envia tua graça
> Toda poderosa do alto
> Para formar em nossa alma obediente
> A imagem do teu amor.
>
> Que nosso coração comiserado,
> Que conhece o prazer generoso,
> Compartilhe gentilmente da alegria de outros
> E chore pela aflição alheia.

Contudo, compaixão não tem a ver apenas com o corpo e suas debilidades e necessidades. O estado aflito da alma, suas necessidades e perigos, todos apelam à compaixão. O estado mais elevado da graça é conhecido pela marca infalível da compaixão pelos pecadores. Esse tipo de compaixão pertence à graça e não enxerga somente o corpo do homem, mas seu espírito imortal, manchado pelo pecado, infeliz em sua condição sem Deus e diante do perigo iminente de estar perdido para sempre. Quando a compaixão observa o homem moribundo apressando-se ao tribunal de Deus, irrompe em oração pelos pecadores. Assim, a compaixão clama:

Mas minha compaixão se prova débil
E chora onde mais ama,
Teu braço salvador usa
E transforma minhas lágrimas de tristeza em alegria.

O profeta Jeremias declara o seguinte sobre Deus, explicando por que os pecadores não são consumidos por sua ira: "Graças ao grande amor do Senhor é que não somos consumidos, pois as suas misericórdias são inesgotáveis" (Lamentações 3.22).

E é essa qualidade divina em nós que nos faz semelhantes a Deus. O salmista descreve o justo que é classificado como bem-aventurado por Deus: "[...] é misericordioso, compassivo e justo" (Salmos 112.4).

Para encorajar os pecadores penitentes que oram, o salmista recorda alguns atributos surpreendentes do caráter divino: "O Senhor é misericordioso e compassivo, paciente e transbordante de amor" (Salmos 145.8).

Não obstante, encontramos registrado diversas vezes que o nosso Senhor, enquanto estava na terra, "foi movido por compaixão". Há alguma dúvida de que sua compaixão o levou a orar por aqueles que sofriam, pelos abatidos que cruzavam seu caminho?

Paulo estava maravilhosamente interessado no bem-estar religioso de seus irmãos judeus, preocupava-se por eles, e seu coração nutria preocupação e compaixão por sua salvação, mesmo maltratado e intensamente perseguido por eles. Ao escrever aos romanos, vemos como se expressa a esse respeito:

> Digo a verdade em Cristo, não minto; minha consciência o confirma no Espírito Santo: tenho grande tristeza e constante angústia em meu coração. Pois eu até desejaria ser amaldiçoado e separado de Cristo por amor de meus irmãos, os de minha raça, o povo de Israel [...] (Romanos 9.1-4).

Que admirável compaixão é descrita por Paulo à sua própria nação! O que o leva a registrar posteriormente seu desejo e oração: "Irmãos, o desejo do meu coração e a minha oração a Deus pelos israelitas é que eles sejam salvos" (Romanos 10.1). Temos um caso interessante em Mateus que nos dá uma ideia de quão marcante e ampla era a compaixão do nosso Senhor:

> Ao ver as multidões, teve compaixão delas, porque estavam aflitas e desamparadas, como ovelhas sem pastor. Então disse aos seus discípulos: "A colheita é grande, mas os trabalhadores são poucos. Peçam, pois, ao Senhor da colheita que envie trabalhadores para a sua colheita" (Romanos 9.36-38).

A impressão que temos de afirmações paralelas é que nosso Senhor chamou seus discípulos de lado para descansar por um instante, exaustos que estavam pela excessiva carga sobre eles pelo incessante contato com o povo que ia e vinha e pelo exaustivo trabalho ao ministrar à imensa multidão. Mas as multidões o precederam, e, em vez de encontrar solidão no deserto, silêncio e repouso, encontrou multidões ansiosas que desejavam vê-lo e ouvi-lo e ser curadas. A compaixão moveu-o. A colheita madura precisa de trabalhadores. Ele não convocou tais trabalhadores de uma vez, por autoridade soberana, mas delega aos discípulos que recorram a Deus em oração, pedindo a ele que envie trabalhadores para a colheita divina.

Aqui temos a urgência da oração compelida pela compaixão do nosso Senhor. Trata-se da oração nascida da compaixão pela humanidade moribunda. A oração progride na igreja para que trabalhadores sejam enviados à colheita de Deus. A colheita será desperdiçada e estragará se não houver trabalhadores, e estes devem ser escolhidos, enviados e comissionados por Deus. Mas Deus não envia tais trabalhadores à colheita sem oração. O fracasso dos trabalhadores deve-se à falta de oração. A escassez de trabalhadores na colheita deve-se ao fato de a igreja falhar em orar por trabalhadores de acordo com seu mandamento.

10. Oração nascida da compaixão

A colheita das safras da terra para os celeiros do céu depende das orações do povo de Deus. A oração assegura que haja trabalhadores em número e qualidade suficientes para atender às necessidades da colheita. Os trabalhadores escolhidos, dotados e encarregados por Deus são os únicos que de fato auxiliarão a jornada, cheios de compaixão cristã, revestidos com o poder de Cristo, os quais são garantidos pela oração. O povo de Deus, de joelhos no chão, com compaixão no coração pelos homens que estão perecendo, pelas almas necessitadas, expostas à condenação eterna, é a garantia de que haverá trabalhadores em número e caráter para atender às necessidades terrenas e aos propósitos celestiais.

Deus é soberano na terra e no céu e não delega a escolha de seus trabalhadores a ninguém. A oração honra a Deus em sua soberania e impele-o em sua escolha sábia e santa. Devemos pôr a oração na dianteira, e assim os campos do paganismo serão lavrados com sucesso por Cristo. Deus conhece seus homens, bem como sua própria obra. A oração faz que Deus envie seus melhores, mais preparados e qualificados homens para que trabalhem em sua colheita. Mover a causa missionária pondo Deus de lado tem sido sua destruição, fraqueza e falha. A compaixão pelo mundo dos pecadores, decaído em Adão, mas redimido por Cristo, impulsionará a

Igreja a orar por eles e o Senhor da seara a enviar trabalhadores para a colheita.

> Senhor da seara, ouve
> O clamor dos teus servos necessitados;
> Atende à nossa fiel e eficaz oração
> E supre todas as nossas necessidades.
>
> Converte e envia mais gente
> À Igreja em todo o mundo;
> E permite-lhes pregar tua palavra de poder
> Como trabalhadores de Deus.

Que conforto e esperança preenche nosso ser quando pensamos que há alguém no céu que vive para interceder por nós, pois "sua compaixão nunca falha"! Acima de tudo, temos um Salvador compassivo, que "é capaz de se compadecer dos que não têm conhecimento e se desviam, visto que ele próprio está sujeito à fraqueza" (Hebreus 5.2). A compaixão de nosso Senhor encaixa-se perfeitamente no fato de ele ser o grande sumo sacerdote da raça decaída, perdida e desamparada de Adão.

Se ele está repleto de tamanha compaixão a ponto de estar à direita do Pai para interceder por nós, devemos também, em cada momento, ter a mesma compaixão por aqueles que não o conhecem e pelos desviados, os quais estão expostos à ira divina, fato que nos fará orar por eles. Da mesma forma que somos compassivos, seremos também movidos a orar pelos outros. A compaixão não gasta suas forças dizendo simplesmente "Vista-se", mas nos move a dobrar os joelhos por aqueles que precisam de Cristo e de sua graça.

> O Filho de Deus em lágrimas
> Os anjos preocupados veem;
> Fique atônita, ó minha alma!
> Ele derramou lágrimas por você.
>
> Ele chorou para que possamos chorar;
> Cada pecado exige uma lágrima;
> Somente no céu nenhum pecado será encontrado,
> Tampouco ali haverá choro.

Jesus Cristo era completamente humano. Ao mesmo tempo que era o Filho divino de Deus, era também o Filho humano de Deus. Cristo tinha um lado eminentemente humano, e aqui a compaixão reinou. Foi tentado em todas as áreas como nós, porém sem pecado. Certa vez, a carne pareceu fraca com a forte pressão sobre ele, e como deve ter se encolhido em seu íntimo pela dor e pela dilaceração! Olhando para o céu, orou: "Pai, livra-me desta hora".

Com o espírito ele se fortalece e se contém: "mas foi para esta hora que eu vim". Só quem seguiu o Senhor na tensão, na tristeza e na dor pode resolver o mistério encoberto nas palavras " 'O espírito está pronto, mas a carne é fraca' " (Mateus 26.41).

Tudo isso preparou o Senhor para ser um Salvador compassivo. Não é pecado sentir a dor e conhecer a escuridão do caminho ao que Deus nos conduz. É humano gritar pela dor, pelo terror e pela desolação daquela hora. É divino clamar a Deus naquela hora, mesmo se encolhendo: "por esta causa foi que vim ao mundo". Devo cair na fraqueza da carne? Não. "Pai, glorifica teu nome". Quão fortes nos faz, e quão verdadeiros, saber que temos uma estrela polar que nos guia à glória de Deus!

11. ORAÇÃO EM CONJUNTO

> Um turista, ao escalar um cume alpino, se encontra amarrado com uma forte corda a seu guia de confiança e três de seus amigos. À medida que beiram um perigoso precipício, ele não pode orar desta forma: "Senhor, guarda meus passos em um caminho seguro e que minhas pegadas não deslizem, mas, quanto ao meu guia e meus companheiros, que eles cuidem de si mesmos". A única oração apropriada para o momento seria: "Senhor, guarde nossos passos em um caminho seguro, pois, se um cair, todos nós pereceremos".
> H. Clay Trumbull

O piedoso Quesnel diz: "Deus é achado em união e acordo. Nada é mais eficaz do que isso em oração".

Intercessões combinam orações e súplicas. A palavra não significa necessariamente orar pelos outros. Significa uma união, uma associação com um amigo íntimo, para uma comunhão livre e irrestrita. Isso implica oração, liberdade, familiaridade e ousadia.

Nosso Senhor lida com a questão da oração no capítulo 18 de Mateus. Trata do benefício e da energia resultantes da agregação de forças para a oração.

"Se o seu irmão pecar contra você, vá e, a sós com ele, mostre-lhe o erro. Se ele o ouvir, você ganhou seu irmão. Mas, se ele não o ouvir, leve consigo mais um ou dois outros, de modo que 'qualquer acusação seja confirmada pelo depoimento de duas ou três testemunhas'. Se ele se recusar a ouvi-los, conte à igreja; e, se ele se recusar a ouvir também a igreja, trate-o como pagão ou publicano. Digo a verdade: Tudo o que vocês ligarem na terra terá sido ligado no céu, e tudo o que vocês desligarem na terra terá sido desligado no céu. Também digo que, se dois de vocês concordarem na terra em qualquer assunto sobre o qual pedirem, isso será feito a vocês por meu Pai que está nos céus. Pois onde se reunirem dois ou três em meu nome, ali eu estou no meio deles" (v. 15-20).

Isso representa a igreja em oração para reforçar disciplina, e assim seus membros, que sucumbiram por falhas, possam se submeter prontamente ao processo disciplinar. Além disso, a igreja é convocada em oração conjunta para reparar o dano e o desgaste que resultam da excomunhão de um membro transgressor. Esta última direção à oração conjunta é para que a questão em sua totalidade seja remetida ao Deus todo-poderoso para aprovação e ratificação dele.

Tudo isso significa que a principal, conclusiva e poderosa agência da igreja é a oração, seja para, como vimos em Mateus 9, introduzir trabalhadores na seara terrena de Deus, seja para excluir da igreja alguém que rompe a unidade, a lei e a ordem, que não ouve seus irmãos nem se arrepende ou confessa suas falhas.

Significa que a disciplina na igreja, uma arte perdida na igreja moderna, deve andar de mãos dadas com a oração, e que a igreja que não possui disposição para afastar do seu seio os que praticam o mal, e a que não tem espírito de excomunhão para transgressores incorrigíveis da lei e da ordem, não terá comunhão com Deus. A pureza da igreja deve ser precedida pela oração de seus membros. A unidade da disciplina na igreja precede a unidade das orações feitas pela igreja.

Que seja observado com ênfase que uma igreja que negligencia a disciplina será negligente com a oração. A igreja que tolera os que praticam o mal em seu meio cessará de orar, de orar em concordância, e cessará de ser uma igreja unida em oração pelo nome de Cristo.

O tema da disciplina na igreja é importante nas Escrituras. A necessidade de zelar pela vida de seus membros é uma tarefa da igreja de Deus. A igreja é uma organização de ajuda mútua, e é encarregada de zelar por todos os seus membros. A conduta desregrada não pode passar despercebida. O procedimento a ser seguido em tais casos é claramente relatado em Mateus 18, já mencionado anteriormente. Além disso,

Paulo, em Gálatas 6.1, dá orientação explícita aos que caem em pecado na igreja: "Irmãos, se alguém for surpreendido em algum pecado, vocês, que são espirituais, deverão restaurá-lo com mansidão. Cuide-se, porém, cada um para que também não seja tentado".

O trabalho da igreja não é somente buscar membros, mas zelar por eles e guardá-los depois de serem recebidos. Se alguém cair em pecado, deve ser procurado; se a pessoa não puder ser curada, a excomunhão deve ser efetuada. Essa é a doutrina que o nosso Senhor estabeleceu.

De alguma forma, isso também atingiu a igreja de Éfeso (Apocalipse 2), que, embora conquanto tenha deixado o primeiro amor e infelizmente decaído na essência da piedade e no que compõe a vida espiritual, foi elogiada por sua qualidade: "[...] Sei que você não pode tolerar homens maus [...]" (cf. v. 2).

Já a igreja de Pérgamo foi admoestada por ter entre seus membros pessoas que ensinavam doutrinas nocivas e eram uma pedra no caminho para outros. O problema não era tanto que tais pessoas estavam na igreja, mas sim que eram toleradas. A impressão é que os líderes da igreja estavam cegos para a presença de tais pessoas nocivas e, consequentemente, indispostos a executar a disciplina. A indisposição era um sinal infalível de falta de oração entre os membros. Não havia união no empenho da oração cujo objetivo fosse purificar e manter pura a igreja.

A ideia disciplinar destaca-se nos escritos do apóstolo Paulo às igrejas. A igreja de Corinto tinha um caso notório de fornicação no qual um homem mantinha relações sexuais com sua madrasta, e a igreja era negligente com essa iniquidade. Paulo por sua vez reprovou com veemência essa igreja e deu-lhe a ordem explícita para esse caso: "[...] 'Expulsem esse perverso no meio de vocês' " (1Coríntios 5.13). Aqui temos a ação demandada por Paulo por parte dos irmãos que oravam.

Mesmo uma igreja exemplar como a de Tessalônica necessitou de instrução e precaução no que se referia a tratar pessoas desregradas. Vemos Paulo dizendo:

> Irmãos, em nome do nosso Senhor Jesus Cristo nós ordenamos que se afastem de todo irmão que vive ociosamente [desregradamente] e não conforme a tradição que vocês receberam de nós" (2Tessalonicenses 3.6).

Note-se: não é a mera presença de transgressores em uma igreja que incorre na desaprovação de Deus, e sim quando são tolerados sob a alegação de "suportá-los", sem que nenhuma ação seja tomada para curá-los de suas práticas malignas ou de excluí-los da comunhão da igreja. E esse flagrante de negligência por parte da igreja com os membros rebeldes nada mais é que um triste sinal de falta de oração, falta de uma igreja que ora, que é dedicada à oração mútua, oração em acordo, uma igreja que faça questão de discernir quando um irmão é surpreendido em alguma falta e o procura, quer para restaurá-lo quer para excomungá-lo, se for incorrigível.

Muito disso remonta à falta de visão espiritual por parte dos líderes da igreja. O Senhor, pela boca do profeta Isaías, faz uma pergunta pertinente e sugestiva: "Quem é cego senão o meu servo [...]?" (42.19). Essa cegueira na liderança da igreja não é tão patente quanto na questão de ver os malfeitores na igreja, importar-se com eles e, quando os esforços para restaurá-los falham, separá-los da comunhão e deixá-los ser "como o ímpio e o publicano".

A verdade é que há uma grande cobiça em ter membros na igreja nestes tempos modernos; pregadores e presbíteros que perderam de vista os membros que violaram a aliança batismal, que vivem em evidente desdém para com a Palavra de Deus. O conceito agora é a quantidade de membros, não a qualidade. A pureza da igreja é deixada de lado ante a mania de manter números, ampliar o rol de membros e as estatísticas. Oração, muita e mútua oração, traria de volta os padrões

11. Oração em conjunto

bíblicos à igreja, limpando-a de muitos dos que praticam o mal e curando muitos de uma vida indevida.

A oração e a disciplina na igreja não são revelações novas da dispensação cristã. Ambas tinham grande importância entre os judeus. Inúmeros casos poderiam ser mencionados. Esdras foi um caso. Quando voltou do cativeiro, encontrou uma triste e angustiante condição do povo que fora deixado na terra. Eles não haviam se separado dos pagãos que viviam em volta e acabaram se casando com eles, indo no caminho oposto aos mandamentos de Deus. Além disso, líderes notáveis estavam envolvidos, os sacerdotes e os levitas, entre outros. Esdras estava profundamente comovido com a responsabilidade que tinha pela frente, rasgou suas vestes, chorou e orou. Os malfeitores não tiveram sua aprovação, nem fez ele vista grossa ou os desculpou, nem mesmo harmonizou a situação. Quando terminou de confessar os pecados do povo e sua oração, o povo se juntou a ele e se comprometeu em aliança a se afastar de seus maus caminhos, chorou e orou com Esdras.

O resultado foi que o povo se arrependeu completamente de suas transgressões, e Israel foi restaurado. A oração e um bom homem, que não era cego nem desinteressado, realizaram a façanha.

Está escrito que Esdras "lament[ou] a infidelidade dos exilados" (Esdras 10.6). Assim acontece com cada homem de oração na igreja quando tem olhos para ver a transgressão dos que praticam o mal na igreja e que tem um coração para lamentar sobre eles e um espírito preocupado com a igreja pela qual ora.

Abençoada é a igreja que tem líderes de oração, que podem ver o que está desordenado na igreja, que se lamentam por isso e que oferecem as mãos para corrigir o mal que prejudica a causa de Deus tal qual faz um obstáculo ao progresso. Um dos pontos da acusação contra os que "vivem tranquilos em Sião", referido por Amós, é que eles "não se entristece[ram] com a ruína de José" (Amós 6.6).

E essa mesma acusação pode ser feita contra os líderes da igreja dos tempos modernos. Não se entristecem por seus membros estarem envoltos em uma moda pelas coisas mundanas e carnais, nem quando há na igreja os que andam abertamente em desordem, cuja vida escandaliza a religião. É claro que tais líderes não oram sobre esse assunto, pois a oração geraria neles o sentimento de preocupação por aqueles que tais coisas praticam e expulsaria o espírito de indiferença que os domina.

Seria bom que os líderes de igrejas que não oram e os pastores negligentes que lessem o relato do homem com o tinteiro de escrivão em Ezequiel 9, texto em que Deus instrui o profeta que envie pela cidade certos homens que destruiriam os habitantes por causa do grande mal que havia neles. Mas alguns deveriam ser poupados. Esses eram os que "suspiram e gemem por causa de todas as práticas repugnantes que são feitas nela [na cidade]" (Ezequiel 9.4).

O homem com o tinteiro de escrivão marcaria cada um dos lamentadores e pranteadores para que escapassem da iminente destruição. Observe que a instrução para matar os que não haviam lamentado e pranteado deveria começar por um lugar específico: " '[...] Comecem pelo meu santuário [...]' " (v. 6).

Que lição para os líderes da igreja moderna, despreocupados e que não oram! Quão poucos são os que "lamentam e pranteiam" pelas presentes abominações na terra, que não lamentam pela desolação de Sião! Quão grande é a necessidade de "dois ou três reunidos" em oração e que no lugar secreto chorem e orem pelos pecados de Sião!

Essa oração em conjunto, esse acordo ao orar, ensinado pelo nosso Senhor em Mateus 8, encontra a comprovação e ilustração em outra passagem. Esse era o tipo de oração a que Paulo se referiu em seu pedido aos irmãos romanos: "Recomendo, irmãos, por nosso Senhor Jesus Cristo e pelo amor do Espírito, que se unam a mim em minha luta, orando a Deus em meu favor. Orem para que eu esteja livre dos descrentes da Judeia [...]" (Romanos 15.30,31).

Aqui vemos a unidade na oração, em acordo, que impulsiona diretamente a libertação de homens descrentes praticantes do mal, o mesmo tipo de oração encorajada pelo nosso Senhor, com praticamente a mesma finalidade: libertação dos descrentes e dos perversos, e que tal libertação os levasse ao arrependimento ou à exclusão da igreja. O mesmo conceito é encontrado em 2Tessalonicences: "Finalmente, irmãos, orem por nós, para que a palavra do Senhor se propague rapidamente e receba a honra merecida, como aconteceu entre vocês. Orem também para que sejamos libertos dos homens perversos e maus, pois a fé não é de todos" (3.1,2).

Temos aqui a oração em unidade requisitada por um apóstolo, entre outras coisas, pela libertação de homens ímpios, a mesma que a Igreja de Deus necessita nestes dias. Ao unir suas orações à dele, houve o fim desejado de libertação de homens que eram prejudiciais à Igreja de Deus e que eram um obstáculo ao curso da Palavra do Senhor. Perguntamos: não há na igreja de hoje aqueles que são inegáveis obstáculos ao avanço da Palavra do Senhor? Que melhor caminho há do que orar em conjunto sobre a questão, ao mesmo tempo usando o caminho da disciplina dado por Cristo, primeiramente para salvá-los, mas, se não houver frutos, para excomungá-los do corpo?

11. Oração em conjunto

Esse parece um caminho severo? Então nosso Senhor foi severo, pois finaliza essas orientações dizendo: " 'Se ele se recusar a ouvi-los, conte à igreja; e, se ele se recusar a ouvir também a igreja, trate-o como pagão ou publicano' " (Mateus 18.17).

Essa atitude não é mais severa do que o ato de um cirurgião habilidoso, que vê todo o corpo e seus membros em perigo por um membro gangrenado e que amputa o membro do corpo para o bem do todo. Não mais severo do que o capitão e a tripulação de onde Jonas foi encontrado, quando a tempestade surgiu ameaçando destruir todos a bordo, que jogaram o profeta em fuga ao mar. O que parece severo nada mais é do que a obediência a Deus, para o bem da igreja e de extrema sabedoria.

12. A UNIVERSALIDADE DA ORAÇÃO

> É preciso mais do poder do Espírito para fazer santa a fazenda, a casa, o trabalho, a loja, o armazém do que fazer a igreja santa. É preciso mais do poder do Espírito para fazer o sábado santo do que o domingo. É necessário muito mais para ganhar dinheiro para Deus do que para conversar com Deus. Mais para viver uma grande vida para Deus do que pregar um grande sermão.
> EDWARD M. BOUNDS

A ORAÇÃO É DE longo alcance em sua influência e universal em seus efeitos. Afeta todos os homens, em todo lugar e em todas as coisas. Toca o interesse do homem sobre o tempo e a eternidade. Influencia Deus e impulsiona-o para que interfira nos afazeres terrenos. Move os anjos para que ministrem aos homens nesta vida. Restringe e derrota o Diabo em seus planos para arruinar o homem. A oração vai a qualquer lugar e lança mão de qualquer coisa. Há uma universalidade que envolve a oração. Quando falamos sobre oração e sua obra, devemos usar termos universais. É individual em sua aplicação e benefícios, mas é geral e universal ao mesmo tempo em

12. A universalidade da oração

sua influência positiva. Abençoa o homem em todos os eventos de sua vida, fornece-lhe auxílio para cada emergência e lhe dá conforto em cada problema. Não há nenhuma experiência que o homem seja chamado a fazer que não tenha a oração como auxílio, conforto e guia.

Quando falamos da universalidade da oração, descobrimos suas várias facetas. Primeiro, devemos mencionar que todos os homens devem orar. A oração serve para todos os homens, pois todos necessitam de Deus, do que ele tem para nós e daquilo que apenas a oração pode assegurar. Como os homens são chamados para orar em todos os lugares, consequentemente devem orar por todos. O âmbito universal é usado quando os homens são ordenados a orar, pois há uma promessa global para que todos clamem a Deus por perdão, misericórdia e auxílio:

> Não há diferença entre judeus e gentios, pois o mesmo Senhor é Senhor de todos e abençoa ricamente todos os que o invocam, porque "todo aquele que invocar o nome do Senhor será salvo" (Romanos 10.12,13).

Como não há diferença no estado de pecado em que o homem é encontrado e que todos necessitam da graça salvadora de Deus que os pode abençoar — a qual é obtida apenas em resposta à oração —, então, todos são chamados a orar por causa de suas necessidades vitais.

É uma regra de interpretação bíblica que havendo um mandamento promulgado sem ressalvas ele é de prerrogativa universal. É o caso das palavras do Senhor em Isaías:

> Busquem o Senhor enquanto é possível achá-lo; clamem por ele enquanto está perto. Que o ímpio abandone o seu caminho; e o homem mau, os seus pensamentos. Volte-se ele para o Senhor, que terá misericórdia dele; volte-se para o nosso Deus, pois ele dá de bom grado o seu perdão (Isaías 55.6,7).

Assim como a impiedade é universal, e o perdão é uma necessidade de todos, assim todos devem buscar o Senhor enquanto podem achá-lo e invocá-lo enquanto está perto. A oração pertence a todos porque todos são remidos em Cristo. É um privilégio que todos os homens possam orar, mas não menos do que uma tarefa sagrada clamar a Deus. Nenhum pecador está excluído do local da misericórdia, ou propiciatório. Todos são bem-vindos a que se aproximem do trono da graça com todas as suas necessidades e aflições, pecados e fardos:

12. A universalidade da oração

Venham todos, venha, você, pecador.
Todas as coisas em Cristo estarão dispostas agora.

Sempre que um pobre pecador volta seus olhos a Deus, não importa onde ele está ou qual é sua culpa e pecado, os olhos de Deus estão sobre ele, e seus ouvidos abertos a suas orações.

O homem, porém, pode orar em qualquer lugar, pois Deus está acessível em qualquer região ou circunstância. "Quero, pois, que os homens orem em todo lugar, levantando mãos santas, sem ira e sem discussões" (1Timóteo 2.8).

Nenhum lugar na terra é distante demais de Deus para alcançar o céu. Nada é tão remoto que Deus não possa ver e ouvir alguém que olha em sua direção e busca sua face. Oliver Holden compôs um hino com estas palavras:

Então, minha alma, em cada passo,
A seu Pai vá e espere;
Ele responderá a todas as orações;
Deus está presente em todos os lugares.

Há essa variedade de conceito que qualquer um pode orar em qualquer lugar. Há locais que não são para oração em razão das atividades malignas que desenvolvem, ou do ambiente em que se encontram, ou em razão do caráter moral dos que os dirigem. Devemos mencionar o bar, o teatro, a casa de ópera, as mesas de jogos, danceterias e outros lugares de entretenimento mundano. A oração é tão inoportuna nesses lugares que ninguém se aventuraria a orar. Seria uma intrusa, notada pelos donos, pelos patronos e colaboradores de tal lugar. Além disso, os que frequentam tais lugares não são pessoas de oração. Pertencem quase inteiramente à multidão mundana que não ora.

Se devemos orar em todo lugar, isso significa inquestionavelmente que não devemos frequentar lugares nos quais não podemos orar. Orar em qualquer lugar é orar em lugares legítimos e frequentar especialmente os lugares onde a oração é bem-vinda com graciosa hospitalidade. Orar em todos os lugares é preservar o espírito de oração em locais de trabalho, em nossas relações com os homens e na privacidade da casa em meio a todos os seus afazeres domésticos.

O modelo de oração do nosso Senhor, também chamado Pai-nosso", é o da oração universal, pois é peculiarmente adaptada a todos em qualquer lugar, circunstância e necessidade. Pode ser posta na boca de qualquer povo de todas as nações, em qualquer tempo. É um modelo de oração que não necessita de emendas ou alterações dependendo de cada família, povo e nação.

Ademais, a oração tem sua aplicação universal por todos os homens serem os sujeitos da oração. Todos os homens devem ser objeto de oração. A oração deve contemplar toda a raça decaída de Adão, pois todos os homens pecaram em Adão, foram redimidos em Cristo e são beneficiados pelas orações que são feitas em seu favor. Essa é a doutrina de Paulo em seu manual de oração escrito em 1Timóteo 2.1: "Antes de tudo, recomendo que se façam súplicas, orações, intercessões e ações de graças por todos os homens".

Há uma forte fundamentação bíblica, portanto, para alcançar e abranger todos os homens em nossas orações, visto que não apenas somos instruídos a orar por eles, como também que a razão dada é que Cristo deu a si mesmo como resgate por todos os homens e que todos são provisoriamente beneficiários da morte expiatória de Jesus Cristo.

Por último, e mais importante, a oração tem um lado universal no sentido de que todas as coisas que se referem a nós devem ser motivos de oração, visto que todas as coisas que são para o nosso bem, físico, social, intelectual, espiritual e eternal, são objetos de oração. Mas, antes de prosseguirmos nessa fase da oração, consideremos novamente a oração universal por todos os homens.

Uma área especial que deve ocupar a nossa oração, devemos mencionar os que têm o controle do

Estado ou que administram a igreja. A oração tem um poder magnífico. Faz bons governadores e os faz melhores. Restringe o delinquente fora da lei e o despótico. Os governantes devem ser alvo de oração. Eles não estão fora do âmbito e do controle da oração, pois não estão fora do âmbito e controle de Deus. O perverso Nero estava no trono de Roma quando Paulo escreveu essas palavras a Timóteo estimulando a oração pelas autoridades.

Os lábios cristãos devem respirar orações pelos governantes cruéis e infames no Estado, assim como pelos governadores e príncipes justos e benignos. A oração deve ser de tão longo alcance quanto a raça, "por todos os homens". A humanidade deve pesar em nosso coração ao orarmos, e todos os homens devem estar em nosso pensamento para que se aproximarem do trono de graça. Em nossas horas de oração, todos os homens devem ocupar um lugar. As necessidades e aflições de toda a raça humana devem ampliar e suavizar nossa simpatia e inflamar nossas petições. Nenhum homem mesquinho pode orar. Nenhum homem com visão limitada de Deus, de seu plano para salvar os homens, e das necessidades universais de todos, pode orar eficazmente. É preciso um homem com mente ampla, que entende a Deus e seu propósito na expiação, a fim de orar corretamente. Nenhum cínico pode orar. A oração é a mais divina filantropia e uma generosidade sem medida. Ela surge de um coração grande, cujos pensamentos se repartem por todos os homens dos quais têm compaixão.

A oração anda em paralelo com a vontade de Deus, "que deseja que todos os homens sejam salvos e cheguem ao conhecimento da verdade" (1Timóteo 2.4).

A oração alcança o céu e o traz até a terra. Tem em suas mãos bênção dupla. Recompensa ao que ora e abençoa o que é alvo de oração. Traz paz e acalma paixões e indivíduos beligerantes. A tranquilidade é o fruto alegre da verdadeira oração. Há uma bonança interior e exterior que sobrevém ao que ora. A oração gera vidas tranquilas e pacíficas em toda a piedade e honestidade.

A oração correta não apenas faz a vida bela em paz, mas também aromática em justiça e grande em influência. Honestidade, seriedade, integridade e influência no caráter são os frutos naturais e essenciais da oração.

A oração que agrada a Deus é a do tipo universal, generosa, altruísta, aceitável a seus olhos, pois coopera com sua vontade e flui com graça por todos os homens. É esse o tipo de oração que Cristo Jesus fazia quando estava na terra, a mesma que faz agora à direita do Pai nos céus, como nosso poderoso intercessor. Ele é o padrão de oração. Está entre

Deus e o homem, um mediador, que se deu como resgate por todos os homens e em favor de cada um individualmente.

É verdade que a oração se une à vontade de Deus e flui em rios de cuidado, compaixão e intercessão pelos homens. Assim como Jesus Cristo morreu por todos os envolvidos na Queda, assim também a oração envolve cada um e entrega-se em favor de todos os homens. Assim como há um único Mediador entre Deus e o homem, aquele que ora permanece entre Deus e o homem, com orações, súplicas, "em alta voz e com lágrimas" (Hebreus 5.7). A oração tem como finalidade a raça humana e abrange os destinos dos homens por toda a eternidade. O rei e o mendigo são ambos afetados pela oração. A oração toca o céu e move a terra. Leva a terra ao céu e traz o céu em contato íntimo com a terra.

> Suporte seus líderes e irmãos,
> Para sempre em sua mente;
> Estenda os braços em fervorosa oração
> Para alcançar toda a humanidade.

13. ORAÇÃO E MISSÕES

Certa vez ouvi um balido incomum entre minhas poucas cabras restantes, como se estivessem sendo mortas ou torturadas. Apressei-me ao curral e me encontrei instantaneamente rodeado por um bando de homens armados. A armadilha me capturou, suas armas estavam levantadas, e eu esperava morrer naquela hora. Mas Deus me moveu a conversar com eles de forma firme e gentil; adverti-os sobre seus pecados e a punição; mostrei-lhes que apenas meu amor e minha compaixão me levaram a permanecer ali buscando o bem deles, e que, se eles me matassem, estariam matando seu melhor amigo. Além disso, assegurei-lhes de que não tinha medo de morrer, pois a morte do meu Salvador me levaria ao céu e eu seria muito mais feliz do que na terra; e que meu único desejo em viver era fazê-los felizes ao ensiná-los a amar Jesus Cristo, meu Senhor. Em seguida, levantei meus olhos e mãos aos céus e orei em voz alta para que Jesus abençoasse todos aqueles homens e para que me protegesse ou que me levasse para o céu de acordo com sua vontade. Um a um, foram se retirando, e Jesus os impediu novamente. Nenhuma mãe correu tão rapidamente para proteger o filho que chorava na hora do perigo do que o Senhor Jesus se apressou em responder à oração do fiel e enviar auxílio a seus servos no tempo e modo propícios, na medida em que deve ser para o bem de todos e sua glória.

JOHN G. PATON

MISSÕES SIGNIFICA O OFERECIMENTO do evangelho aos homens decaídos de Adão que nunca ouviram falar de Cristo e sua morte expiatória. Significa dar aos outros a oportunidade de ouvir da salvação oferecida por meio do nosso Senhor Jesus Cristo e permitir que outros tenham a chance de receber e aceitar as bênçãos do evangelho, como temos nas terras cristianizadas. Significa que aqueles que desfrutam os benefícios do evangelho ofereçam os mesmos privilégios e bênçãos do evangelho para toda a humanidade. A oração tem um papel imprescindível em missões. Serve diretamente às missões. O verdadeiro êxito de todo esforço missionário depende da oração. A vida e o espírito das missões são a vida e o espírito da oração. Ambas foram concebidas pela mente divina. São amigas de peito. A oração cria e faz de missões algo bem-sucedido. Em Salmos 72, que fala sobre o Messias, lemos: "[...] Que se ore por ele continuamente [...]" (cf. v. 15). A oração é feita para que Cristo venha salvar o homem e para o sucesso do plano de salvação que ele veio executar.

O espírito de Jesus Cristo é o espírito de missões. Nosso Senhor Jesus Cristo foi o primeiro missionário. Sua promessa e advento consistiram no primeiro movimento missionário. O espírito missionário não é uma simples fase do evangelho, nem um mero aspecto do plano de salvação, mas sim seu espírito e vida. O movimento missionário é a Igreja de Cristo Jesus marchando em traje militar, com o propósito de possuir toda a humanidade para Cristo. Qualquer um que seja tocado pelo Espírito de Deus é incendiado pelo espírito missionário. Um cristão antimissionário é uma contradição em si mesmo. Diríamos que é impossível ser um cristão contra missões porque é impossível que forças humanas e divinas ponham os homens em um estado desalinhado com a causa missionária. O impulso missionário é o batimento cardíaco do nosso Senhor Jesus Cristo, enviando as forças vitais de si mesmo por todo o corpo da Igreja. A vida espiritual do povo de Deus aumenta ou diminui conforme a força desses batimentos. Quando essas forças cessam, chega a morte. Igrejas contra missões são igrejas mortas, assim como os cristãos contra missões são cristãos sem vida.

A artimanha mais sagaz de Satanás, se não puder impedir um grande movimento de Deus, é de desmoralizá-lo. Se ele conseguir pôr o movimento à frente e o espírito do movimento atrás, então terá materializado e desmoralizado por completo tal movimento. Somente uma oração poderosa salvará o movimento da materialização e manterá o espírito do movimento forte e sob controle.

A chave para o êxito missionário é a oração. A chave está nas mãos das igrejas mantenedoras.

Os troféus ganhados pelo nosso Senhor em terras pagãs serão o resultado de missionários que oram, não de profissionais em terras alheias. Esse sucesso se dará especialmente pelas orações santas nas igrejas mantenedoras. Estas, de joelhos, orando e jejuando, são a grande base do fornecimento espiritual, da força da guerra e do pendor da vitória nesse conflito final e terrível. Os recursos financeiros não são a real força dessa luta. As máquinas por si mesmas não têm poder de demolir muros pagãos, abrir portas e ganhar corações ímpios para Cristo. Apenas a oração pode fazer isso.

Arão e Ur deram vitória a Israel por intermédio de Moisés, assim como a igreja em oração, por intermédio de Jesus Cristo, dará a vitória em cada campo de batalha nas terras sem Deus. Isso é tão verídico em terras alheias quanto na terra natal. A igreja que ora vence a competição. A igreja mantenedora faz algo insignificante ao fornecer o dinheiro para estabelecer a missão e sustentar seus missionários. O dinheiro é importante, mas sem oração é impotente diante das trevas, da miséria e do pecado em terras não alcançadas. A contribuição sem oração cria esterilidade e morte. A oração superficial no país que envia é a razão de resultados pífios em terras estrangeiras. A contribuição sem oração é o segredo de todas as crises nos movimentos missionários da atualidade e a causa da acumulação de dívidas nas agências missionárias.

É correto encorajar as pessoas para que doem recursos para a causa missionária. No entanto, é muito mais importante responsabilizá-las para que orem pelo movimento missionário. Atualmente as missões internacionais precisam mais do poder da oração do que do poder dos recursos. A oração pode fazer, até mesmo na pobreza, a causa missionária avançar em meio a dificuldades e obstáculos. Recursos abundantes sem oração são inúteis e impotentes diante de trevas, pecados e miséria em terras distantes.

Esta é peculiarmente uma era missionária. O cristianismo protestante tem sido alvo de agressão como nunca antes em terras pagãs. O movimento missionário tomou tais proporções que despertou esperança, grande entusiasmo, o que, por sua vez, desperta a atenção e o interesse mesmo das pessoas mais frias e inertes. Quase todas as igrejas já se contagiaram, e as velas de seus movimentos missionários propostos estão bem abertas para aproveitar o vento favorável. Aqui mora o perigo: que o movimento missionário vá à frente do espírito missionário. Este sempre foi o perigo da Igreja: perder a essência na obscuridade, perder o espírito para a aparência exterior, vindo a contentar-se no mero desfile do movimento, no investimento de forças no movimento, não no espírito.

A magnificência desse movimento pode não apenas nos cegar, como também levar-nos a perder o espírito que deveria dar-lhe vida e forma, como um barco que, levado por ventos favoráveis, se perderá quando esses ventos se transformarem em uma tempestade.

Muitos de nós ouvimos discursos eloquentes e sinceros que salientam a necessidade indispensável de dinheiro para missões, ao passo que ouvimos apenas uma menção à necessidade indispensável de orar. Todos os nossos planos e projetos rumam para a finalidade principal de levantar recursos, em vez de estimular a fé e promover a oração. A ideia geral entre os líderes da igreja é que, se tivermos o dinheiro, a oração virá em consequência. A verdade é exatamente oposta.

Se estabelecermos a igreja no eixo da oração, e assim garantir o espírito de missões, o dinheiro certamente virá como consequência. As ações e as forças espirituais nunca vêm como consequência. As tarefas e fatores espirituais, deixados como consequência, certamente cairão e morrerão. Apenas as coisas que são enfatizadas vivem e governam no reino espiritual. A pessoa que doa não necessariamente irá orar. Muitos em nossas igrejas são grandes doadores reconhecidos pela falta de oração. Um dos males do movimento missionário atual está exatamente aí. A doação está inteiramente separada da oração. A oração recebe atenção escassa, ao passo que a doação destaca-se notavelmente. Aquele que ora verdadeiramente se sentirá movido a doar. A oração cria o espírito generoso. Os que oram darão com liberalidade e abnegação. Aquele que ora em secreto a Deus abrirá sua carteira para ele. Toda doação superficial, relutante e imposta destrói o espírito da oração. Enfatizar o material para negligenciar o espiritual afasta e abate o espiritual de forma inevitável.

É formidável quanto o dinheiro desempenha um grande papel nos movimentos religiosos modernos e como a oração é deixada de lado. Ao ressaltar esse contraste, é impressionante ver o papel insignificante que o dinheiro desempenhava na igreja primitiva como fator-chave para compartilhar o evangelho e que função admirável e essencial tinha a oração.

A graça de doar não é cultivada em nenhum lugar mais do que no lugar secreto da oração. Se todas as agências e secretarias missionárias se tornassem equipes de oração, até o ponto da agonia de uma verdadeira súplica e obra com Cristo por um mundo que perece viesse sobre eles, então o mercado imobiliário, o capital financeiro e os títulos do tesouro americano estariam à venda para compartilhar o evangelho de Cristo entre os homens. Se o espírito da oração prevalecesse, as agências missionárias, cujos indivíduos valem milhões, não estariam cambaleando sobre um acúmulo de dívidas e grandes igrejas não teriam prejuízo anual, queixando-se, com má vontade e sobre pressão, para pagar uma mísera taxa para sustentar um punhado de missionários, com a humilhação adicional de debater sobre a questão de trazer alguns de volta. O avanço do Reino de Cristo está trancado no lugar secreto da oração pelo próprio Cristo, não em envelopes de contribuição.

O profeta Isaías, olhando ao longo dos séculos com a visão de um profeta, assim expressa seu propósito para continuar em oração e não dar trégua a Deus enquanto o Reino de Cristo não for estabelecido entre os homens:

> "Por amor de Sião eu não sossegarei, por amor de Jerusalém não descansarei enquanto a sua justiça não resplandecer como a alvorada, e a sua salvação, como as chamas de uma tocha" (Isaías 62.1).

Em seguida, prenunciando o sucesso final da Igreja cristã, ele diz: "As nações verão a sua justiça, e todos os reis, a sua glória; você será chamada por um nome novo, que a boca do SENHOR lhe dará" (62.2). Então, o próprio Senhor, pela boca desse profeta do evangelho, declara:

> "Coloquei sentinelas em seus muros, ó Jerusalém; jamais descansarão, dia e noite. Vocês que

clamam pelo S‍ENHOR não se entreguem ao repouso e não lhe concedam descanso até que ele estabeleça Jerusalém e faça dela o louvor da terra" (62.6,7).

Na margem da nossa Bíblia, lê-se: "Vós que sois lembrança do Senhor". A ideia é que estes que oram são lembrança ao Senhor, que o lembram daquilo que ele prometeu e que não darão trégua até que a Igreja de Deus seja estabelecida na terra.

Um dos pontos principais na oração do Pai-nosso trata da mesma questão de estabelecer o Reino de Deus e o progresso do evangelho nesta petição curta e objetiva: "Venha o teu reino", com as adicionais: "assim na terra como nos céu".

O movimento missionário na igreja apostólica nasceu em uma atmosfera de jejum e oração. O próprio movimento, esperando oferecer as bênçãos da igreja cristã aos gentios, estava no ápice quando Pedro foi orar, e Deus mostrou a ele seu propósito divino de estender os privilégios do evangelho aos gentios, quebrando, assim, o muro de separação entre judeus e gentios.

Mais especificamente, Paulo e Barnabé foram definitivamente chamados e separados para o campo missionário em Antioquia quando a igreja ali orava e jejuava. Foi aí que o Espírito Santo respondeu do céu: "[...] 'Separem-me Barnabé e Saulo para a obra a que os tenho chamado' " (Atos 13.2).

Note que esse não foi o chamado ao ministério de Paulo e Barnabé, mas particularmente o chamado aos campos estrangeiros. Paulo tinha sido chamado ao ministério anos antes, até mesmo antes de sua conversão. Esse foi o chamado subsequente à obra que nasceu da oração especial e prolongada da igreja de Antioquia. Deus não chama homens apenas para o ministério, mas para serem missionários. A obra missionária é a obra de Deus. E são os homens chamados por Deus que devem realizá-la.

Esses são os tipos de missionários que trabalharam bem e com sucesso em terras estrangeiras no passado, e esse mesmo tipo fará a obra no futuro; caso contrário, a obra não será feita.

São os missionários de oração que são requisitados para o trabalho e é uma igreja de oração que os envia, que são profecias do sucesso que foi prometido. O tipo de religião que será exportada pelos missionários é o da oração. A religião à qual o mundo pagão deve se converter é a religião da oração e do verdadeiro Deus. O mundo pagão já ora aos ídolos e falsos deuses. Mas deve ser ensinado por missionários que oram, enviados por uma igreja que ora, a expulsar seus ídolos e começar a invocar o nome do nosso Senhor Jesus Cristo. Nenhuma igreja que não ora pode transportar às terras pagãs uma religião de oração. Nenhum missionário que não ora pode trazer ímpios idólatras que não conhecem nosso Deus à verdadeira oração antes que ele mesmo se torne um homem de oração. Assim como são necessários homens de oração para fazer a obra de Deus, é preciso nada menos do que missionários que oram para trazer à luz os que estão nas trevas.

Os maiores e mais notáveis missionários foram preeminentemente homens de oração. David Livingstone, William Taylor, Adoniram Judson, Henry Martyn, Hudson Taylor, entre outros, formam um time de ilustres homens de oração cuja impressão e influência ainda habitam onde trabalharam. Nenhum homem que não ora é procurado para esse trabalho. Acima de qualquer coisa, a principal qualificação de um missionário é a oração. Deixe-o ser, acima de tudo, um homem de oração. Quando o dia da coroação vier, e os registros forem compilados e lidos no grande dia do juízo, então será possível ver com que eficácia os homens de oração trabalharam nos duros campos do paganismo e quanto faltou a eles estabelecer os fundamentos do cristianismo nesses campos.

A única condição para dar poder universal ao evangelho é a oração, pois desta depende sua propagação. A energia para esses momentos maravilhosos e para conquistar o poder sobre todos os inimigos malignos e poderosos é a força da oração.

O destino do Reino de Jesus Cristo não é traçado pela fraqueza de seus inimigos. Estes são fortes e amargurados e sempre serão. Mas a oração poderosa, esta sim é a grande força espiritual que permitirá que Jesus Cristo entre com posse total de seu reino e garanta a si o ímpio como sua herança e os confins da terra como sua propriedade.

Somente a oração permitirá que Jesus quebre seus inimigos com cetro de ferro, fazendo-os tremer em seu orgulho e poder, pois não são nada além de vasos frágeis de barro, quebrados em pedaços por um único golpe de sua mão. Uma pessoa que pode orar é o instrumento mais poderoso que Deus tem neste mundo. Uma igreja que ora é mais forte do que as portas do inferno.

O decreto de Deus para a glória do reino de seu Filho é dependente da oração para sua realização: "Pede-me, e te darei as nações como herança e os confins da terra como tua propriedade" (Salmos 2.8). Deus Pai não dá nada a seu Filho senão por intermédio da oração. E a razão pela qual a igreja não tem tido um retorno maior na obra missionária, na qual está comprometida, é a falta de oração. "Nada têm, porque não pedem".

Cada dispensação que prenuncia o retorno de Cristo, quando o mundo for evangelizado, no final dos tempos, repousa sobre estas duas provisões constitucionais do decreto de Deus: suas promessas e a oração. Mesmo que esse dia de vitória esteja longe, quer pela distância quer pelo tempo, ou remoto pelas sombras, a oração é a condição essencial na qual a dispensação se torna forte, emblemática e representativa. Essa tem sido a verdade, desde Abraão, o primeiro da nação de Israel, o amigo de Deus, até a dispensação do Espírito Santo.

> As nações chamam! De mar a mar
> Estende o grito emocionante,
> "Venham, cristãos,
> E nos ajudem, antes que morramos".
>
> Nossos corações, ó Senhor, sentem a convocação;
> Deixa a mão combinar com o coração,
> E responder ao apelo do mundo,
> Ao dar "o que é teu".

O plano do nosso Senhor para assegurar trabalhadores nos campos missionários estrangeiros é o mesmo que ele estabeleceu para obter pregadores. É pelo processo da oração. É o plano de oração, diferenciado de todos os planos humanos. Tais missionários devem ser "enviados". Deus deve enviá-los. São chamados por Deus, movidos divinamente por sua grande obra. São movidos internamente para entrar na seara do mundo e recolher os feixes para os celeiros celestiais. Os homens não escolhem ser missionários, assim como não escolhem ser pregadores. Deus envia trabalhadores à seara em resposta às orações de sua igreja. Aqui temos o plano divino estabelecido por Deus:

> Ao ver as multidões, teve compaixão delas, porque estavam aflitas e desamparadas, como ovelhas sem pastor. Então disse aos seus discípulos: "A colheita é grande, mas os trabalhadores são poucos. Peçam, pois, ao Senhor da colheita que envie trabalhadores para a sua colheita" (Mateus 9.36-38).

É da competência da igreja orar. É da competência de Deus chamar e enviar os trabalhadores. Deus não irá orar. A igreja não convocará. Assim como as misericórdias do Senhor foram despertadas ao ver as multidões, cansadas, famintas, dispersas, expostas aos males, como ovelhas sem pastor, assim sempre que a igreja tiver olhos para ver as vastas multidões de habitantes da terra, descendentes de Adão, de alma cansada, vivendo na escuridão, miseráveis e pecadores, a igreja será movida pela compaixão, e começará a orar ao Senhor para enviar trabalhadores à sua seara.

Os missionários, assim como os ministros, nascem com a oração do povo. Uma igreja que ora gera

13. Oração e missões

trabalhadores nas searas do mundo. A escassez de missionários demonstra a falta de oração na igreja. Não tem problema enviar homens capacitados para o campo, mas primeiro devem ser enviados por Deus. O envio é o fruto da oração. Assim como homens de oração são a causa do envio deles, também os trabalhadores devem ser homens de oração. E a missão primária dos missionários que oram é converter homens pagãos a homens de oração. A oração é a prova do chamado, da credencial divina e da obra dos missionários.

Aquele que não é um homem de oração em casa precisa praticar essa disciplina para se tornar um missionário lá fora. Aquele que não tem o espírito que o move a alcançar os pecadores em sua terra natal, dificilmente terá um espírito de compaixão pelos pecadores no exterior. Os missionários não são feitos de homens que falham em sua terra natal. Aquele que será um homem de oração no exterior deve ser, em primeiro lugar, um homem de igreja em sua igreja local. Se ele não está comprometido em sua terra natal a converter pecadores de suas negligências, dificilmente terá sucesso em converter ímpios de suas perversidades. Em outras palavras, é preciso ter as mesmas qualificações espirituais para ser um trabalhador tanto em casa como no exterior.

Deus, à sua maneira, em resposta às orações de sua Igreja, chama homens para a seara. Triste será o dia quando as agências missionárias e as igrejas omitirem esse fator fundamental e enviar seus próprios escolhidos, independentemente de Deus.

É grande a seara? São poucos os trabalhadores? Então, " 'Peçam [...] ao Senhor da colheita que envie trabalhadores para a sua colheita' ". Ah, que a grande onda de oração atinja a Igreja a fim de que esta clame a Deus para enviar seu grande exército de trabalhadores às carentes searas do mundo! Não há perigo se o Senhor da seara enviar trabalhadores demais e encher os campos. Aquele que chama certamente providenciará os meios para sustentar os que ele chama e envia.

A grande necessidade nas igrejas modernas é a falta de intercessores. Estes eram escassos nos dias de Isaías. Veja a queixa do Senhor: "Ele viu que não havia ninguém, admirou-se porque ninguém intercedeu [...]" (Isaías 59.16).

Portanto, hoje, há uma grande necessidade de intercessores, primeiramente para as searas necessitadas da terra, que nasçam de uma verdadeira compaixão cristã pelos milhares que não têm o evangelho; e, em segundo lugar, intercessores para que sejam enviados trabalhadores por Deus a esses mesmos campos em necessidade.

SÉRIE:
VIDA DE ORAÇÃO

Leia também...

PROPÓSITO NA ORAÇÃO

DEUS MOLDA O MUNDO
PELA ORAÇÃO

Quanto mais oração houver no mundo, melhor será o mundo e mais poderosas serão as forças contra o mal em todo lugar. Uma das fases de operação da oração é desinfetante e preventiva. Ela purifica o ar; impede a propagação do mal. A oração não é algo espasmódico e efêmero. Não é uma voz que clama sem ser ouvida ou é ignorada em silêncio. É, sim, uma voz que chega aos ouvidos de Deus e que age enquanto o ouvido de Deus estiver aberto a súplicas santas, enquanto o coração de Deus estiver atuante para o que é santo.

Deus molda o mundo pela oração. As orações não morrem. As orações se perpetuam para além daqueles que as pronunciam; elas sobrevivem a uma geração, a uma época, a um mundo.

Esta obra foi composta em *Berkeley*
e impressa por BMF Gráfica sobre papel
Offset 63 g/m^2 para Editora Vida.